人気J-POPを叩く！
カホン トレーニングブック

はたけやま裕 著

CONTENTS

カホンの譜面表記について	4
リズム譜の読み方	5

STEP1 教則編

楽器について	8
どんなふうに座るの？	9
こうやって叩こう！	11
低音を出す叩き方	11
2種類の低音の叩き方　❶オープン　❷クローズ	
高音を出す叩き方	13
2種類の高音の叩き方　❶指4本で叩く　❷指1本ずつをバラバラに叩く	
応用奏法	
スラップ	14
❶オープンスラップ　❷クローズスラップ	
❸ミュートを併用したクローズスラップ	
ゴーストノート	15
足でピッチを変化させる	16
ヒール＆トゥ	16
❶コンガのヒール＆トゥ　❷ボンゴのヒール＆トゥ	
❸ヒール＆トゥの基礎練習　❹ヒール＆トゥを使った装飾音符やロール	

はじめてのカホン選び	27
いろいろなカホン	39
カホンシンバル	55、61
カホン演奏を彩る関連パーカッション	67
はたけやま裕 使用カホン	77

◎ STEP2 の楽曲は、付属 CD1 に模範演奏を、CD2 にカラオケを収録しています

STEP2 実践編

難易度A

Tommorow never knows/Mr.Children	20
歌うたいのバラッド / 斉藤和義	28
ありがとう / いきものがかり	34
ハナミズキ / 一青窈	40
Lemon/ 米津玄師	44

難易度B

世界にひとつだけの花 /SMAP	50
どんなときも。/ 槇原敬之	56
となりのトトロ / 井上あずみ	62
さくら（独唱）/ 森山直太朗	68
カブトムシ /aiko	72
恋するフォーチュンクッキー /AKB48	78

難易度C

チェリー / スピッツ	84
愛をこめて花束を /Superfly	90
地上の星 / 中島みゆき	98
カントリー・ロード / 本名陽子	104
恋 / 星野源	112
アゲハ蝶 / ポルノグラフィティ	120
天体観測 /BUMP OF CHICKEN	128

コラム：カホン失敗談／「白い粉」との出会い	97
コラム：腰痛予防の話	103
はたけやま裕 レッスン案内	119
はたけやま裕 カホン教則 DVD のご案内	127

カホンの譜面表記について

カホンの譜面はとてもシンプルで、大きく分けると「高音」「低音」の2種類です。
さらにそこから叩く場所、叩き方によって数種類の書き方がありますので、
慣れるまでは「高い」「低い」で区別すると良いでしょう。
※それぞれの音の種類と叩き方はSTEP1で解説しています。

低音パート

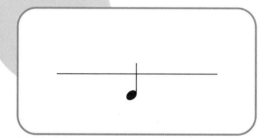

打面の真ん中より少し上を叩いて演奏する「低音」は、
線より下に音符が配置されます。
STEP 2の解説ページでは、よりわかりやすくするために
音符の上に 低 マークを入れています。

高音パート

線の上にある音符は、すべて打面の上部を叩いて演奏する音です。
　スラップ……高音を強く叩く
　ゴーストノート（タッチ）……高音を小さく叩く
STEP 2の解説ページでは、よりわかりやすくするために
音符の上に下記のマークを入れています。
　高音 高　　スラップ ス　　ゴーストノート ゴ
　ミュートスラップ ス　ブラシ ブ

シンバル

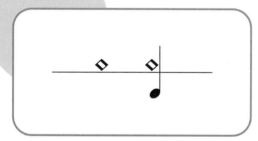

菱形の記号はシンバルを表わしています。
右のように、他の音と同一線上にあるときは同時に叩きます。
STEP 2の一部のページでは、
音符の上に シ マークを入れています。

叩く手の表記

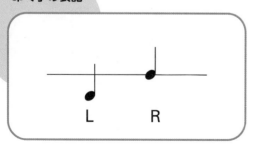

譜面内の「L」「R」は、叩く手を表わしています。
Lは左手で叩く音、Rは右手で叩く音です。

リズム譜面の読み方

リズム譜の読み方を覚えるには、言葉にして読むのも良い方法です。
以下を参考にしてみてください。

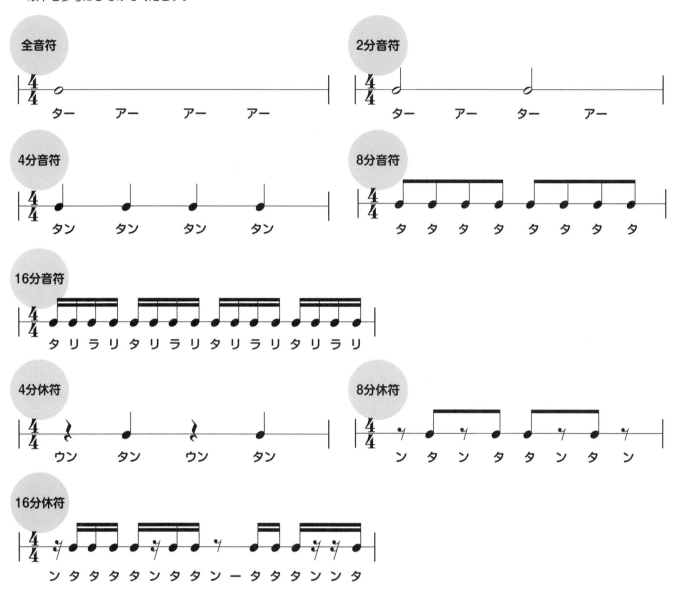

よく使われる16分音符の組み合わせを言葉で覚えよう！

著者プロフィール

はたけやま裕

パーカッショニスト。国立音楽大学打楽器専攻卒業。卒業時に日本打楽器協会新人演奏会で最優秀賞受賞。桑田佳祐、井上陽水、加藤登紀子、由紀さおり、辛島美登里、江口洋介、山下洋輔（jazz pf）、古澤巖（vn）、上妻宏光（津軽三味線）等、サポート／共演多数。シシド・カフカのプロジェクト「el tempo」メンバー。ソロ活動も精力的に行い、銀座ヤマハホールでのライブが2019年で8年目。札幌キタラホールでのライブも2017、2018年と成功させている。

自他共に認める落語好きが高じて、噺家の春風亭昇太師匠をゲストに迎え落語と音楽のコラボレーションライブを行ったり、宮沢賢治作品にインスパイアされた曲を画家の蒲原元の映像とのコラボレーション作品として発表し続けるなど、その活動は音楽の域にとどまらない。

第21期燦々沼津大使。2018年10月よりこうのす観光大使就任。

2007年から5枚のソロ名義のアルバムと、カホン教則DVD『ドラマーのためのカホン移行ガイド～超絶技法とフレーズ集～』をリリース。

2014年にリリースした古澤巖氏プロデュースのアルバム『ハナミズキの願い』のタイトル曲は、陸前高田市のハナミズキのみちの会への応援ソングとして作曲。ゲストボーカルで佐藤竹善（Sing Like Talking）、ヴァイオリンで古澤巖が参加した。

最新アルバムは、2018年発表のライブレコーディング版『銀河鉄道の夜～ Acoustic Live Version』。Decora43（デコラ43）よりシグネチャーモデルカホンを発売中。

オフィシャルサイト
http://www.you-hatakeyama.com

©Tomoko Hideki

STEP 1
教則編

初めてカホンを叩く人も大丈夫！
座り方や構え方、基本奏法はもちろんのこと
表現力を広げる応用奏法も紹介します。

 STEP1のいくつかの項目は、映像とリンクしています。この映像は、教則DVD「ドラマーのための カホン移行ガイド～超絶技法とフレーズ集～」の内容を編集・抜粋したものです。さらに高度な奏法 に挑戦したい方は、ぜひDVDをご覧になることをおススメします。（詳しくはP127にて）

楽器について

カホンとは

ペルー発祥の、箱型の打楽器です

カホンはペルー発祥の、木でできた箱型の打楽器です。カホンという名前には、スペイン語で「木の箱」という意味があります。アフリカからペルーに連れて来られた人達が故郷のリズムを刻むような演奏が多く、アフリカの太鼓の演奏法が元になっているといわれています。その演奏をするときに、箱やタンスなどを叩いたのが由来とされています。

カホンには「キューバ式カホン」と「ペルー式カホン」があります。一般的には、楽器自体にまたがって演奏する箱型の「ペルー式カホン」を使うことが多いです。キューバ式はコンガのように股に挟んで演奏します。

◀単なる木の箱のように見える不思議な打楽器、カホン。写真の楽器は、北海道のカホンブランドDecora43のはたけやま裕モデル（下の写真も）。

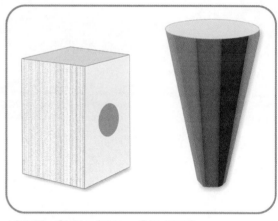

▲左はペルー式カホン、右はキューバ式カホンの例。

カホンの構造

中は空洞で、響き線が仕込まれています

カホンの中は空洞になっており、打面の裏には、スネアドラムのスナッピー（響き線）にあたる弦や鈴が仕込まれています。これによって、打音に複雑なバズ音を加えています。

また、一般的に打面とは反対の面にサウンドホールが空けられており、これにより低音をふくよかに響かせることができます。

◀打面の反対側には、このような穴（サウンドホール）が空けられているのが一般的です。

◀カホンの内部、打面の裏側に仕込まれた響き線。この楽器では、ギターの弦のように響き線の張り具合を調整して音を変化させることができます。

どんなふうに座るの？

正しい座り方を知ることで、カホンを正しく鳴らすことができます。

足を思い切り開いて座りましょう

カホンに腰掛けて、両足を左右に思い切り広げます。

中途半端に広げた状態だと、打面にふとももが被ってしまい、叩きにくくなります。

真ん中より少し後ろ側に座りましょう

座面の真ん中から少し後ろ寄りに座ります。写真の位置を目安にしてください。

座る位置がカホンの前方や後方すぎると、手が届きにくい状態になります。打面の真ん中あたりを叩く際に腕が伸びきらない位置にしましょう。

▲座る位置が前方すぎる例。

▲座る位置が後方すぎる例。

▲このように手が伸びきっていると、叩きにくくなります。

前かがみになりすぎないよう注意しましょう

カホンを演奏するときはどうしても前かがみになりますが、その際に覗き込むように頭を下げすぎると、演奏上、重心が前に行きすぎてしまい、バランスが悪くなります。前かがみになりすぎないよう注意しましょう。

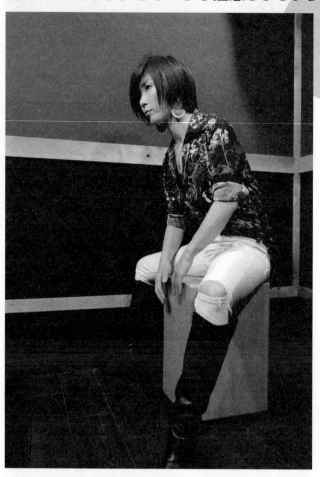

 こちらは悪い姿勢。演奏時の体のバランスが悪くなるだけでなく、頭はとても重い部位なので首を痛めやすく、肩こりの原因にもなります。

カホンを少し後ろに傾けましょう

体の負担や腕の稼動域を考慮して、カホンを後ろに少し傾けましょう。こうすることで、上で説明したように頭をまっすぐ前に向けて演奏しやすくなります。ただし、斜めにするとカホンが不安定になりますので、両足でカホンを固定することになります。ある程度叩けるようになってからトライしてみましょう。また、カホン用の座布団を使うと安定して座りやすくなりますので、オススメです。

▲はたけやま裕シグネチャーカホンのオプションとして発売されている座布団。

こうやって叩こう！

正しい姿勢がわかったら、今度は叩き方について。
基本を覚えれば決して難しくはありません。

腕の部位を意識しましょう

肩→肘→手首→指という順番で動きを意識すると、より細かい動きができるようになります。当然、肩など大きい筋肉を使うほうが、より力を加えることができます。スピードを重視する場合は、肘から手首、指の部位を中心に意識すると良いでしょう。

低音を出す叩き方 ……打面の真ん中より少し上を手のひらで叩く

低音（ベース、バスドラムのイメージ）を出すときの動作には2種類あります。両方ともほぼ同じ動きですが、叩く際の手の形、打面への当たり方が異なります。詳しくはP12で説明しますが、ここでは共通する動作を知っておきましょう。

映像で動きを確かめよう！

手首は使わず、肘から動かします。

 腕を脱力しすぎると、手首がぶらーんと曲がってしまい、指先が曲がってくるので、この状態で叩くと手のひらで均等に当てることができません。

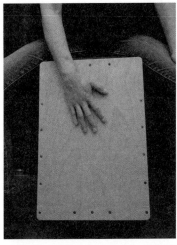

▲楽器によって個体差はありますが、打面の真ん中付近より少し上を叩くと低音が出ます。

STEP1・教則編

2種類の低音の叩き方

❶オープン……手を広げて叩き、余韻の長い大きな音を出す

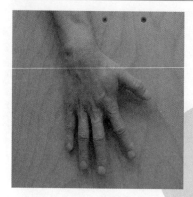

叩く手をパーの姿勢で広げて、手のひら全体で叩きます。音量が大きく余韻が残り、音が伸びます。

叩いた後、手が打面にくっつくのではなく、バスケットのボールをドリブルするように弾ませて叩きましょう。その際に、自分の力で打面から手を離すのではなく、手が打面から自然にバウンドするイメージです。

 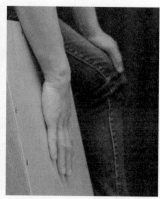 

▲叩く寸前　　　　　　　　▲叩いた瞬間　　　　　　　　▲バウンドしている瞬間

❷クローズ……手をすぼめて叩き、余韻の短い安定した音を出す

叩く手をすぼめて叩きます。音量が少し小さく余韻が短いですが、音色が安定し、打ち損じが少ないのが特徴です。

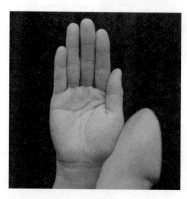

指それぞれをくっつけて、手をすぼめるように構えましょう。

手のひらのくぼんでいる箇所以外を打面に当てます。

高音を出す叩き方 ……打面の上部を指で叩く

カホンの上部を叩きます。打面の内側にある響き線が振動し、スナッピー音が混ざったスネアドラムのような高音成分を含んだ短い音が出ます。

映像で動きを確かめよう！

2種類の高音の叩き方

❶指4本で叩く

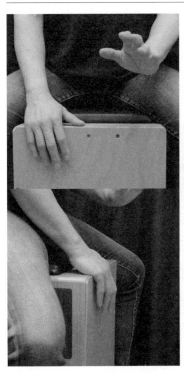
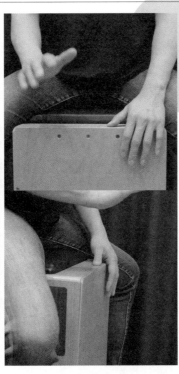

手首を使って指4本で叩きます。

❷指1本ずつをバラバラに叩く

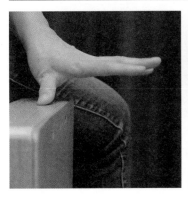
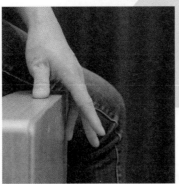

1本ずつ、打面に指全体を当てて叩きます。第1／第2関節は伸ばした状態で、骨で鳴らすイメージです。

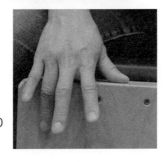
親指をカホン座面のへりに乗せると安定します。

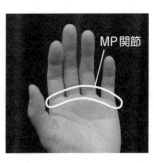
指の付け根のMP関節を使って動かしましょう。

STEP1．教則編

応用奏法 ……表現力を広げるさまざまな奏法

スラップ

スラップは、高音でより強い音やアクセントになる音です。主に2種類のスラップがあります。オープンスラップは、より広がりのある音。クローズスラップはミュートと併用することが多く、硬くて鋭い高音で強調したいときなどに使います。

映像で動きを確かめよう！

❶オープンスラップ

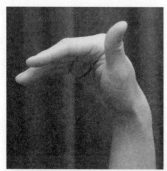

手首は脱力状態にします。手のひらにある感情線付近を、カホンの上面の角に勢い良く当てます。

手が脱力状態なので、その勢いで指先がカホン上部に当たることで音が出ます。スラップは手に負担がかかり、痛みがあることがありますが、慣れるしかありません。

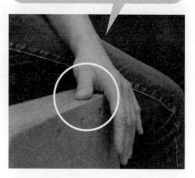

親指は打面の角から逃す

⚠ 叩く際に親指は角に当たらないように逃がしましょう。親指が角に当たると、打撲や怪我の原因になりますので注意してください。

❷クローズスラップ

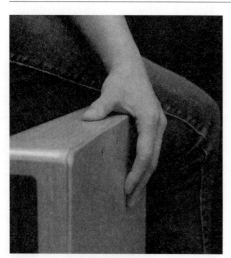

クローズスラップは指先を当てた後、そのまま打面につける奏法です。その他の動作はオープンスラップと同様です。

❸ミュートを併用したクローズスラップ

左手全体を低音を叩く位置に置き、右手でクローズスラップを行うことで、よりアクセントを強調できます。硬くて鋭い高い音になるイメージです。

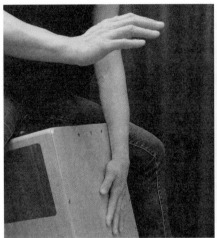
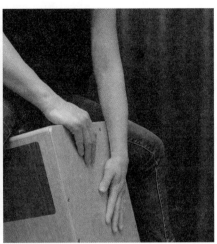

ゴーストノート

ゴーストノートは、通常の打音に対してとても小さな音で叩く奏法で、「タッチ」と表記することもあります。高音と低音の合間にゴーストノートを入れることでリズムが整って非常に安定し、リズムキープもしやすくなります。叩くときは指を使います。

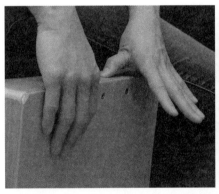
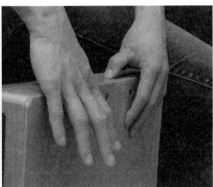

手首を使って3〜4本の指先を打面の上部に軽く当てて叩きます。反復する動きのときは、親指をカホンの座面のふちに乗せながら演奏すると安定しやすいです。写真は高音のポジションで叩いていますが、低音のポジションでもゴーストを叩くことがあります。

足でピッチを変化させる

足のかかとを打面に当てながら叩くことで、サスティンがカット(ミュート)されます。そのかかとを当てたまま上部へ移動させながら叩くと、ピッチが高くなります。この変化を利用した演奏はソロ・パフォーマンスの中でよく使われます。

ヒール&トゥ

ヒールは「かかと」、トゥは「つま先」という意味ですが、実際には手を使って演奏します。手のひらと指をシーソーのように使い分けて併用する動きになります。主に2種類のヒール&トゥがあります。

❶コンガのヒール&トゥ

コンガという打楽器の奏法と同じ手の使い方です。

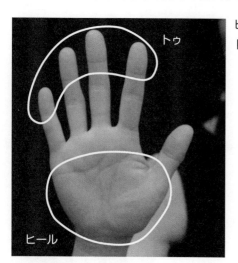

ヒールは手のひらの付け根部分から真ん中あたりを使います。
トゥは4本の指の第二関節から指先にかけて使います。

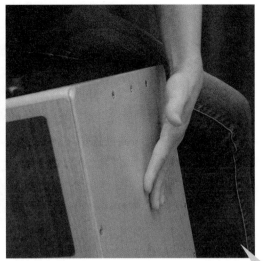

ヒールは指をそらした状態で、手のひらを打面に押し付けるように叩きます。当てたときに手は打面についた状態にします。

トゥはヒールの状態から上部に引くような動きで打面に当てます。当てたときに手は打面についた状態にします。

> ヒール＆トゥは、手を押したり引いたりするような動きをイメージしましょう。

❷ボンゴのヒール＆トゥ

ボンゴという打楽器の奏法と同じ手の使い方です。

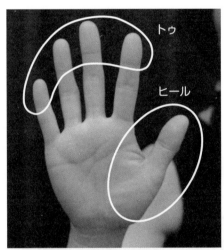

ボンゴのヒール＆トゥはヒールの場所が異なります。親指や母指球（親指の付け根のふくらんだ部分）がヒールです。
トゥは打面に当たる位置が若干斜めになります。

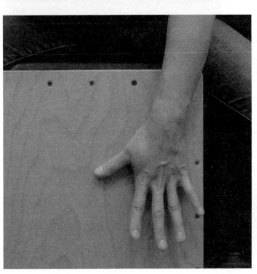
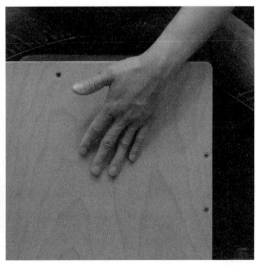

ボンゴのヒール＆トゥはヒールで叩く部位が軸になるので、動きが斜めになります。
このとき、手を当てる打面の位置は同じにします。コンガのヒール＆トゥ同様、叩いた手は打面についた状態にします。

❸ヒール&トゥの基礎練習

P14〜15で説明した手の使い方を踏まえて、ヒール&トゥの基礎練習をしてみましょう。映像も参考にしてください。

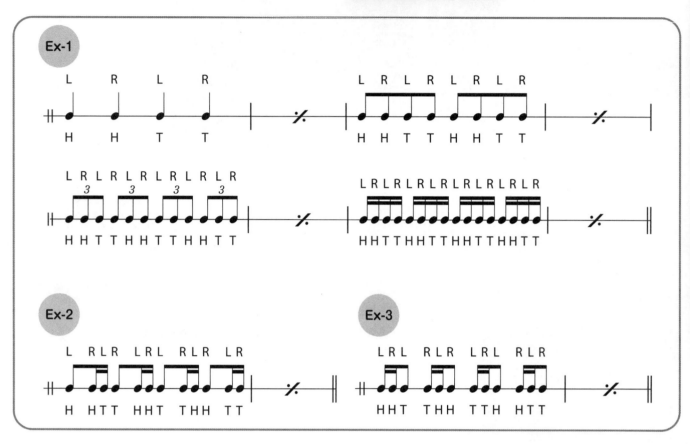

❹ヒール&トゥを使った装飾音符やロール

ヒール&トゥを使って、いろいろな装飾的表現をすることができます。その一例を見てください。

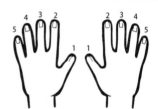

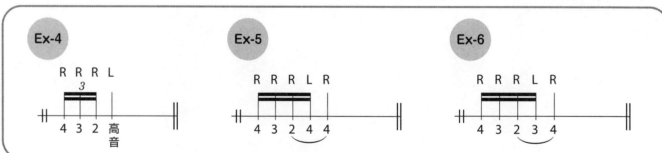

（例：INTRO-A-B-サビ-大サビ-サビ-OUTRO） これは初級〜中級者が楽曲を
練習する際、最も飽きずに演奏に集中しやすく、上達に効果的なサイズです。

STEP 2では、実際の楽曲を使いながら
カホンのパターン練習をしてみましょう。
まずは比較的取り組みやすいものから。

本書に収録されている全ての楽曲は、主に1コーラス半のサイズになっています。

Tommorow never knows
Mr.Children
作詞：桜井和寿　作曲：桜井和寿

CD Track 01　編曲：Keiko　歌唱：うどんタイマーP

学べるテーマ まずはここから！
2種類の基本8ビート＆2拍3連

初心者の方でも演奏できる難易度です。シンコペーションのある8ビートとオーソドックスな8ビートの、主に2種類の8ビートのパターンで構築されています。これらは低音の左手、高音の右手とポジションを分けています。ここでは2拍3連符もマスターします。

Intro. 基本パターン

カホンが入るのは曲がスタートしてから10小節目ですが、9小節目の4拍目（アウフタクト）で軽く叩いて準備をしてからパターンに入っています。ここでは音を出すのが目的ではないので、指先を打面に軽く当てる程度。

8ビートのパターンは、2拍目の裏に低音のアクセントが来てタイで繋がっているため、3拍目の頭の音がありません。足で4分音符を刻むなどして、テンポ感を見失わないようにしましょう。このパターンのまま、サビ（C）まで演奏します。

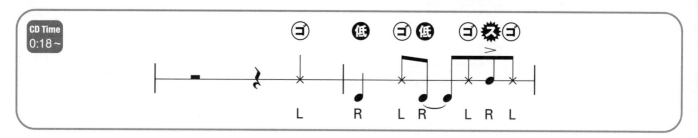

Inter.（間奏）に入る1小節前に2拍フィルがあります。フィルの手順も交互ではなくすべて右手になっていますが、同じ手で叩く方が音色が均一になるという利点があり、緊張感を持続させたいとき、クレッシェンドをして盛り上げたいときによく使います。

Inter.の小節頭にはシンバルを低音と同時に打ちます。2拍目は左手でのアクセントです。弱くならないように気をつけましょう。余裕のある人は、左手のスラップに挑戦してみてください。スラップは脱力させた状態で手首を使って叩きます。このとき、親指をカホンの角に当てないように気をつけてください（スラップの叩き方はP.14参照）。手順は交互です。

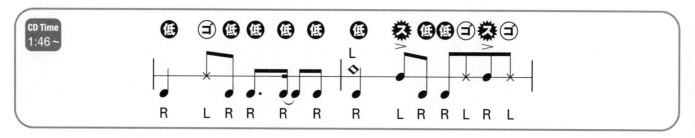

D 基本パターン

　Dで一度カホンは抜けます。再度入ってからだんだんクレッシェンドして、E（大サビ）のクライマックスに向かっていきます。先ほど説明した「緊張感を持続させたい」「クレッシェンドをして盛り上げたい」シーンなので、8～10小節目は右手のみで演奏します。

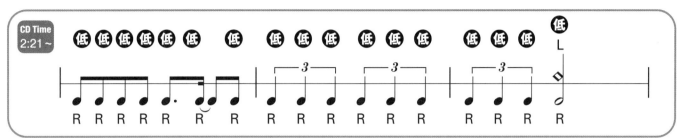

　9～10小節目に出てくる2拍3連符は、4分音符2つに3つの音が均等に入っています。考え方としては、普通の3連符が2つの音符ごとにタイで繋がっているということです。下記を参照ください。矢印で示した音符だけを叩きます。

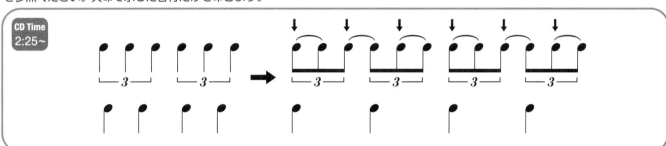

　最後の音はシンバルと一緒に叩いて打ち放します。次の小節が4分の2拍子なので、打ち放した後も油断せず数えてください。3拍半で次のパターンへいく準備的なフィルが入ってからE（大サビ）に入ります。

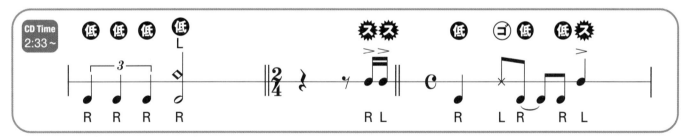

E 基本パターン

　基本はイントロのパターンと一緒ですが、4小節でワンセットのフレーズです。3小節目だけ、歌のフレーズに合わせてシンコペーションがないリズムになります。

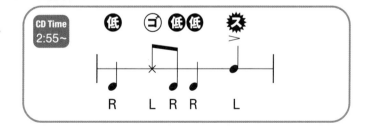

　13小節目のフィルインで突然16分音符の連打が出てきますが、曲の肝となるキメの部分なのでスラップで強調して叩きましょう。その後は再び低音が右手、高音が左手の手順です。

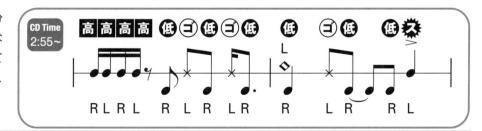

Tommorow never knows　Mr.Children
作詞：桜井和寿　作曲：桜井和寿

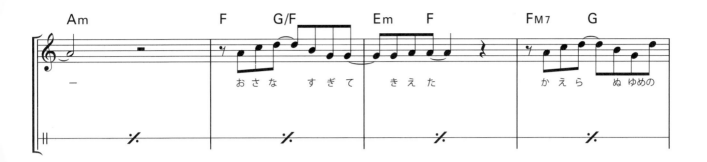
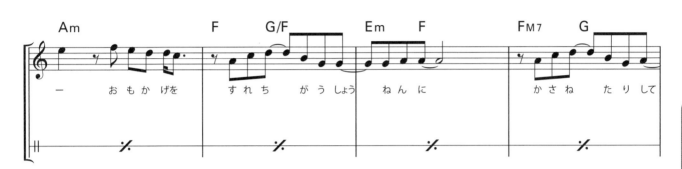
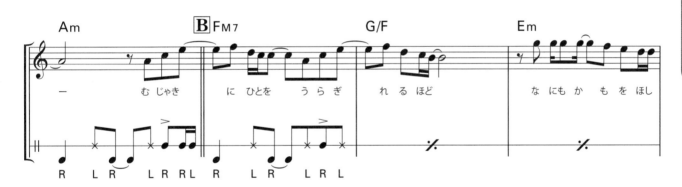
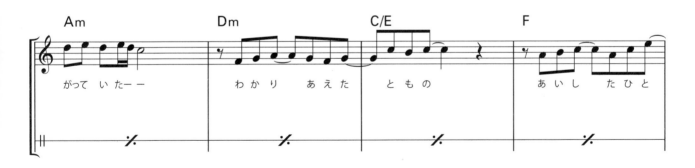
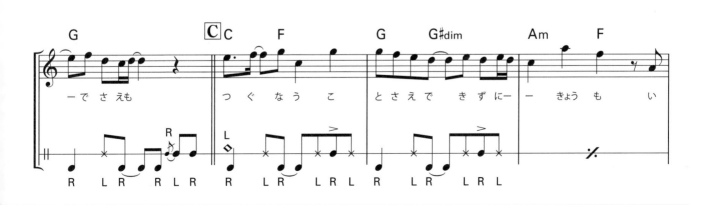

Tommorow never knows Mr.Children

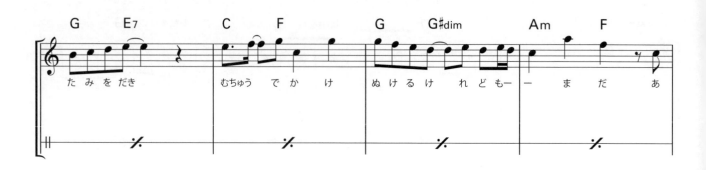
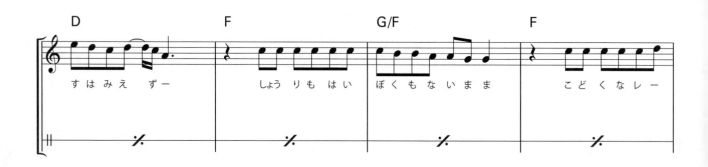
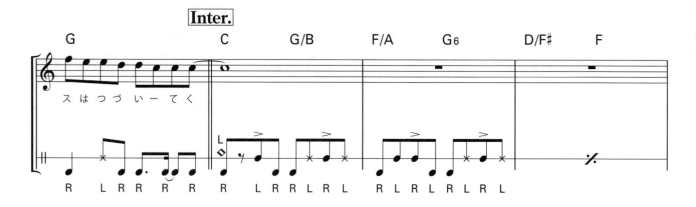
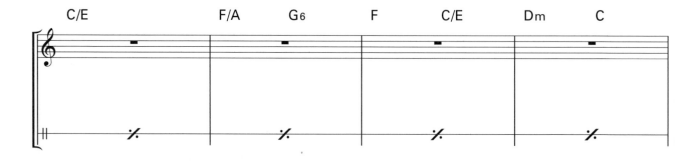
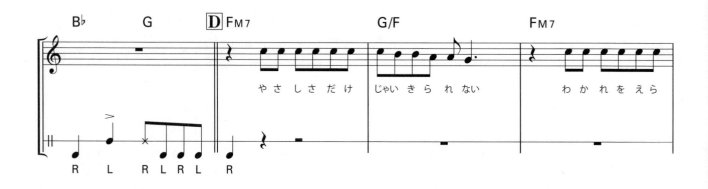

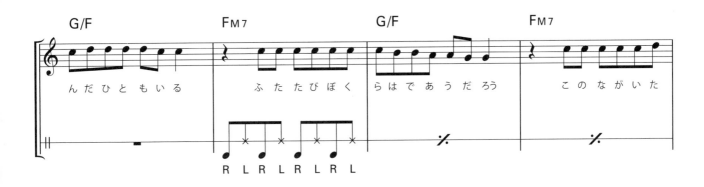
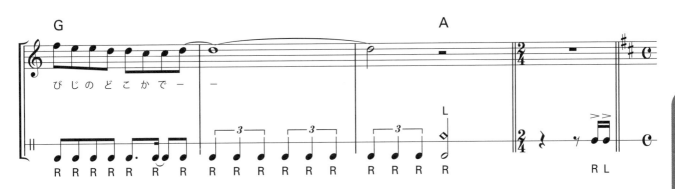
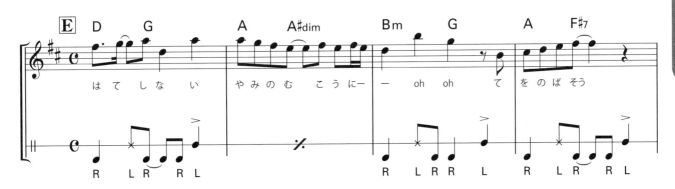
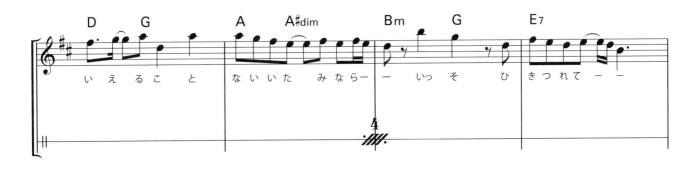
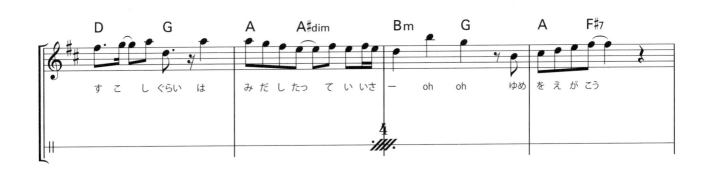

Tommorow never knows Mr.Children

初めてのカホン選び

カホンには、大きさ、材質、響き線、デザイン、価格帯、メーカーなどいろいろな基準があります。
初めて買う方は、
それらを踏まえて選びましょう。

1. サイズで選ぶ
一般的なカホンは高さ46〜50cmほど、幅と奥行きが30cmほどの大きさです。サイズによって音質が変わり、大きくなるほど音域が低く、小さくなるほど音域が高くなります（これは他の打楽器も同様です）。最初は高音・低音のバランスがとれた標準サイズのものが良いでしょう。楽器店で購入する際に試奏して大きさと音質を比較してみてください。

2. 材質で選ぶ
カホンの材質も、音質や演奏性に影響してきます。ほとんどのカホンは木材でできており、一般的でバランスの良いビーチ材、太めの音のバーチ、エボニー材、ギターでもよく使われるメイプル材、マホガニー材、変わり種ではアクリル製などがあります。

3. デザインで選ぶ
初心者のうちは材質の違いが分かりにくいので、デザインで選ぶのもおすすめです。カホンはインテリア的にも美しいモデルが多いので、飾っておいても空間が映えるものや好みのデザインを探してみましょう。

4. 響き線のタイプ
カホンの打面裏側に、スネアドラムに付いているような響き線（スナッピー）が張られており、叩くと木の鳴りと同時にバサッ！という音がします。スネアドラムとほぼ同じ仕組みです。一般的に2つのタイプがあります。
小編成のアンサンブルで使う場合はワイヤータイプ、大音量を鳴らしたい場合はスナッピータイプが便利かもしれません。

●ワイヤータイプ
複数のギター弦が張られています。ギターと同様に、ペグ（写真下）で張り具合を調整できるので、締めてタイトな音にしたり、緩めてラウドなサウンドにすることができます。

●スナッピータイプ
まさにスネアドラムで使われているスナッピーが張られています。スネアのような高い音を出したい方はこのタイプを試してみてもいいかもしれません。このタイプは、高音、低音の音質が明確に分かれています。

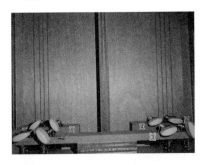

歌うたいのバラッド
斉藤和義
作詞：斉藤和義　作曲：斉藤和義

CD Track 02　編曲：四月朔日義昭　歌唱：四元壯

学べるテーマ　8ビート＆16ビートパターンを集中してリズム＆キープ

オーソドックスな8ビートにオーソドックスな16ビート、2つのパターンで演奏できる曲です。難易度は高くないですがテンポをキープしながら同じパターンを持続して演奏するというカホンの（リズム楽器の）一番大事な基本をマスターしましょう。

A 基本パターン

最初はギターと歌だけの世界で、歌が入ってから9小節目にカホンが入ります。頭にシンバルも打つので、2拍目のゴーストノートは省略します。「ありがとう」(P.34～)でも出てくるオーソドックスな8ビートです。2拍目4拍目のドラムのスネアの位置に高音でアクセント（＝スラップ）、1拍目に1打と3拍目に2打続けて低音を叩きます。

低音は、手のひら全体を均等に打面に当てて演奏します。手首は使いません。詳しい叩き方はSTEP 1を参照ください。

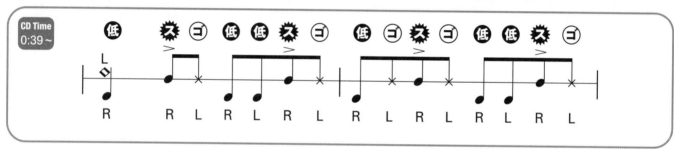

B ミュートスラップを使ったフィル

Aと同じパターンを続けます。C（サビ）の1小節前は、低音の8分音符の連打から高音のミュートスラップのフィルで盛り上がります。

まず、8分音符の連打は小さく（*p*）入ってクレッシェンドします。手順が交互ではなく全て右手になっていますが、同じ手で叩く方が音色が均一になるという利点があり、緊張感を持続させたいとき、クレッシェンドをして盛り上げたいときによく使います。

ミュートスラップのときの左手は、低音を叩く位置に置いて打面を強く押さえつけます。その状態で右手でスラップします。打面がミュートされていることでチューニングが上がって、より高音の鋭いスラップ音が出ます。

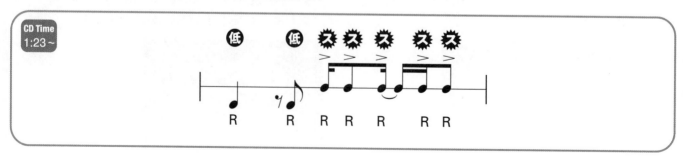

C 基本パターン

サビから16ビートになります。8ビートのときのアクセントはそのままに、ゴーストノートで細かさを倍(16分)にします。打面に指先を軽く当てる奏法で、ここではドラムのハイハットの役割を担います。小節の頭にシンバルが入るため、2つ目の左手のゴーストノートは省略して右手から入ります。

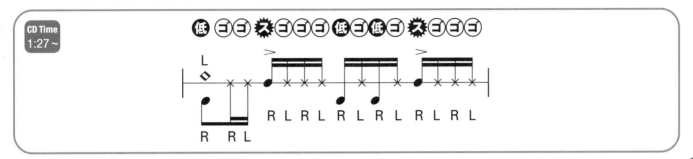

エンディング前のフィル

□Dと□Eもこのままのパターンで続けます。エンディングの1小節前に、サビ前でミュートスラップしたリズムと同じフィルがありますが、音色が低音と高音のミックスなので手順が変わります。次の小節の頭でシンバルが叩けるように、カホンの4拍目裏の音は右手になります。

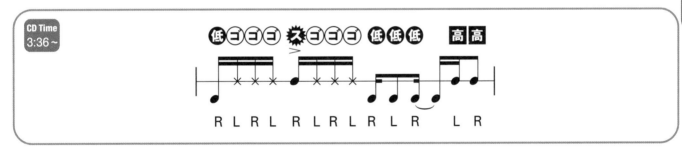

※1：ミュートスラップ

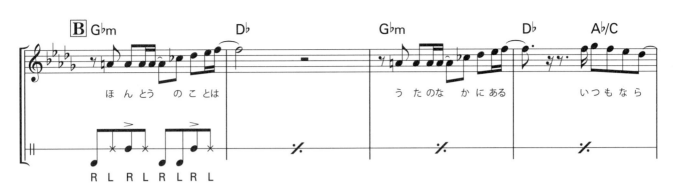
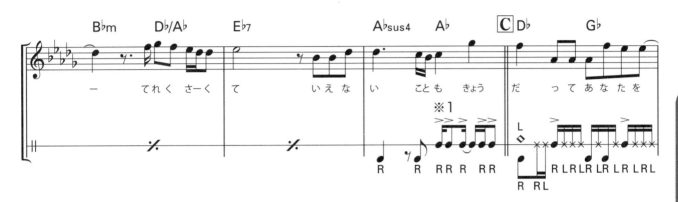
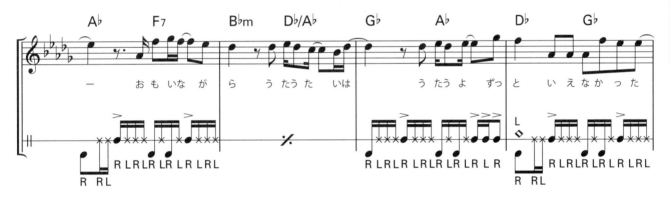
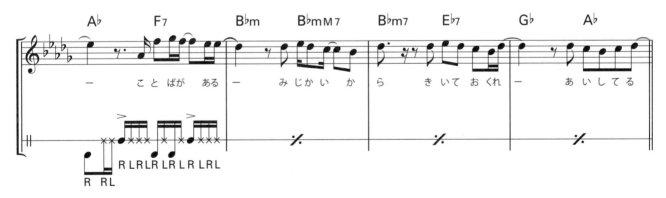
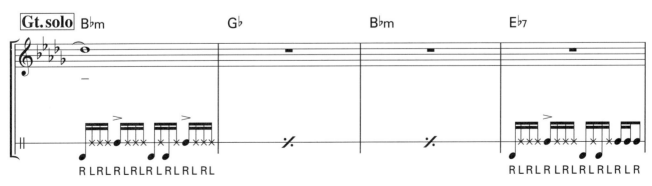

歌うたいのバラッド　斉藤和義

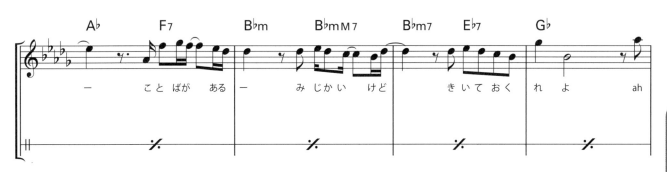
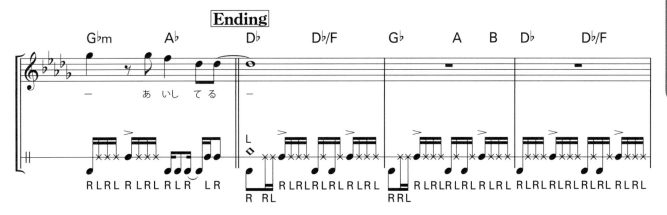
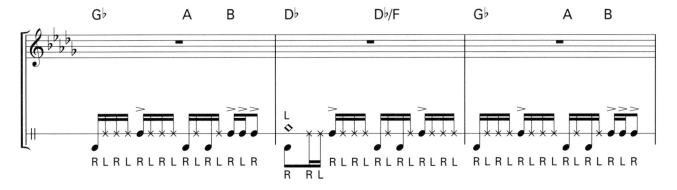
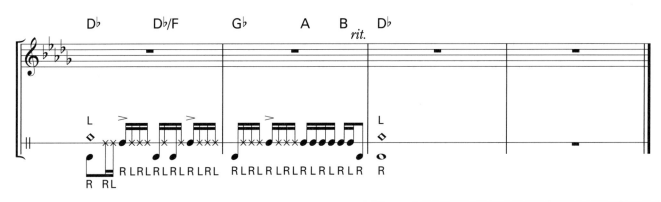

ありがとう
いきものがかり
作詞：水野良樹　作曲：水野良樹

| CD Track 03 | 編曲：Keiko
歌唱：ありむらまるこ | 学べるテーマ | ミディアムテンポで
リズムを走らずに8ビートキープ |

ミディアムテンポの8ビートです。
2拍目裏がアクセントのシンコペーションパターンにシンバルを合わせられるようになります。
フィルは16分音符も出てくるので頑張ってマスターしましょう。

Intro. アウフタクトからのスタート

初心者の方でも叩ける曲ではありますが、イントロが少し難所になっています。小節の1拍目から出るのではなく4拍目（アウフタクト）から16分音符のフィルでスタートします。タイミングに気を付けましょう。

基本ビートは8ビートです。手順は基本交互なのですが、2小節目にシンバルを左手で、カホンを右手で叩くので、そのときは右手の連打になります。

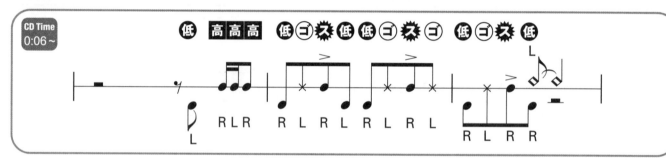

サビの1小節前にフィルインがありますが、サビに向かって8分音符の連打で盛り上げるため、左右交互でなく右手で連打しています。連打で走らないように気をつけましょう。装飾音符は右手からです。

サビ頭 基本パターン

オーソドックスな8ビートパターンです。ポップスの曲によく出てくるパターンなので、ぜひマスターしましょう。

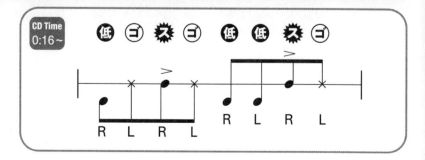

6小節目は3拍目の頭が休符で、低音が3拍目裏に来るトリッキーなパターンなので注意が必要です。強拍に音がないと不安になりますが、きちんと休符を待ちましょう。

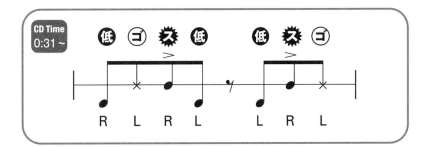

B サビ直前のフィルインが最大の難所

　シンプルなパターンのときこそ、4分音符を体で感じていることが大事です。足で4分音符を刻める人は、リズムが詰まらないように足でテンポを取りながら叩きましょう。

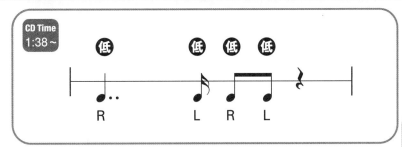

　サビの1小節前のフィルインがこの曲の中では最大の難所です。16分音符のリズムもしっかり叩けるように練習しましょう。

C エンディング前のフィルと最後のロール

　Cはサビ頭と同じパターンです。エンディングに行く前の3小節前のフィルインも難所です。1拍目終わりの16分と2拍目の頭がタイで繋がっています。しっかり4分音符を体に感じながら、テンポ感を見失わずに叩きましょう。

　曲の一番最後はロールで締めます。低音を高速で左右交互に叩き、だんだん遅くしながら(rit.／リタルダンド)弱くしていきます(デクレッシェンド)。

　締めるタイミングは、テンポ／拍数は関係ありません。共演している他のメンバーと目配せで合図するなどしてタイミングを合わせて、カホンの音で締めます。

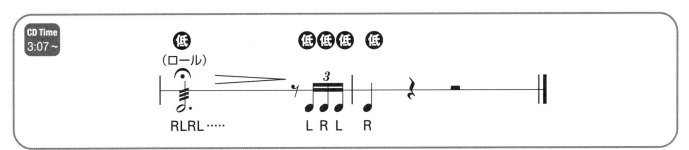

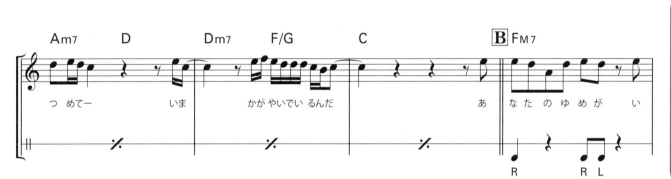
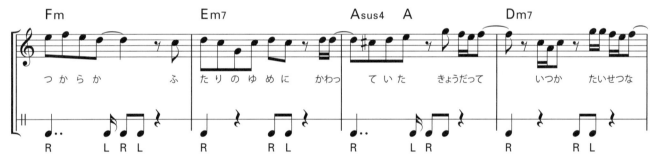
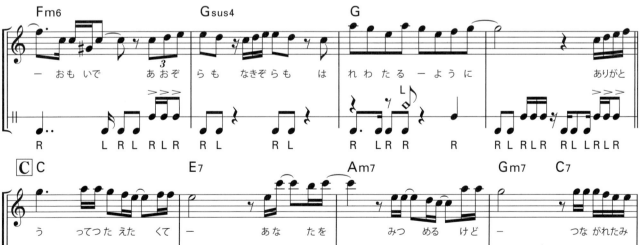

いろいろなカホン

カホンはどれも同じような形に見えますが、デザインや木の材質、大きさ、響き線、構造によってまったく異なる音質、演奏感になります。気になる機種はぜひ楽器店で試奏してみましょう。

DeGregorio
KIYO

カホンメーカーDGから発売のビギナーモデル。タイトな低音、スナッピーの反応も良く、非常にコストパフォーマンスに優れたモデル。

DeGregorio
BRAVO [RED MAKASSAR]

リーズナブルでバランスの良いモデル。縦縞の「レッド・マッカーサー」打面板の美しいフィニッシュ。特に、バーチ材特有の低音感が秀逸で、ウォームな低音から鋭いエッジの効いた高音まで、バランスの良いサウンドが得られ、倍音にも暖かみがあり、様々なジャンルにマッチするモデルです。

Schlagwerk Percussion
SR-CP432

響き線の着脱が可能で一台二役の便利さのあるモデル。側面材にSPL合成材を使用することにより、カホン本体の重量が増し、従来のシュラグベルクカホンには見られなかった重厚でタイトなローピッチ・サウンドを獲得しています。

MEINL
WCP100MH
[WOODCRAFT PROFESSIONAL CAJONS]

9-ply12mm厚のバーチボディーから素晴らしいアタックとトーンが得られ、左右4本ずつ装着されたストリングスが、クリスピー且つ繊細なスネアエフェクトと、歯切れ良いフィンガーロールや力強いバックビートを可能にします。打面材にマホガニーを使用したこちらのモデルは低めの音程感を持ち、馴染みの良いソフトなサウンドが特徴。

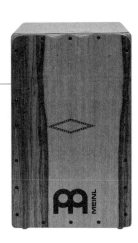

CHBD-S
〜Caleb Series〜
[Chaany Birch Duct Cajon]【Standard】

タイトなサウンドを実現する透明アクリル打面を採用したモデル。ボディにロシアンバーチを使用し、さらに、サウンドホールには低音を増幅させるバスレフダクト構造を採用。サステインの短いまとまりのあるサウンドで、ベース音とスナッピー音の分離が鮮明です。

イケベ楽器Website

機材、テキスト協力：(株)池部楽器店ドラムステーションリボレ秋葉原

ハナミズキ
一青窈

作詞：一青窈　作曲：マシコタツロウ

CD Track 04
編曲：Keiko
歌唱：井上あずみ
コーラス：ゆーゆ

学べるテーマ：スローテンポでリズムキープ、ブラシを使った8ビート＆16ビート

この曲では、ブラシを使った8ビートと16ビートをマスターします。
ブラシで安定したテンポで叩けるように心がけましょう。曲の途中の休符でブラシを持つのも忘れずに。

A 基本パターン

　スペースの多い8ビートを叩きます。手順は8分音符を基準にして左右交互です。4分音符のときも休符のときも、下の譜面のように手順が流れています。

　休符のときもビートを感じましょう。音には出さずに、実際に手を動かします。歌に寄り添う気持ちで叩きます。

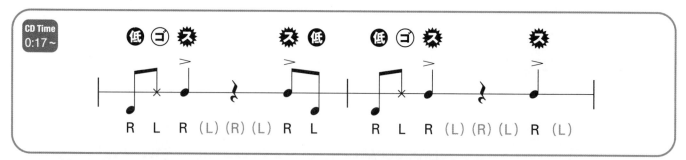

B サビ前のフィルイン

　休符で右手にブラシを持ちましょう。親指と人差し指でしっかりとつまんで、他の指は添える程度に。シンバルもブラシで叩きます。このときのシンバルは軽く（*mp*）叩きます。サビの1小節前にフィルイン的に入って、左手の連打でクレッシェンドします。クレッシェンド後のシンバルは強め（*mf*）です。連打で走らないように気をつけてください。

　4拍目のリズムのコンビネーションは右手ブラシで、8分音符に対して左手は16分音符で食っていますので、左手につられないようにしっかり右手でキープしましょう。

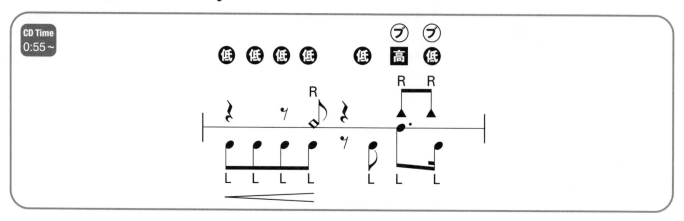

C 基本パターン

ブラシを使って、カホンの上部で8分音符を刻みます。これはドラムのハイハットの役割で、軽く手首を使って叩きます。低音（ドラムのキックの役割）と高音でのスラップ（ドラムのスネアの役割）は、すべて左手で叩きます。小節の頭は、シンバルをブラシで叩きます。

右手と左手の役割が別なので、最初は別々に練習し、それぞれのパートがスムーズに動くようになってから合わせましょう。

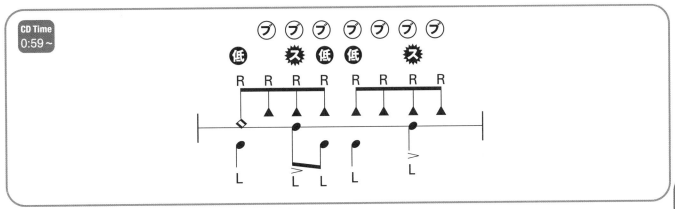

D 基本パターンと最後のロール

曲の後半は16ビートになってさらに盛り上がります。難易度も上がります。

右手の16分音符の刻みは、テンポをしっかりキープできるように。余裕のある人は、手首を軽く左右に動かして叩いてみましょう。16分音符のニュアンスが出ます。右手の16分音符と左手の16分音符のタイミングがずれないように気をつけましょう。

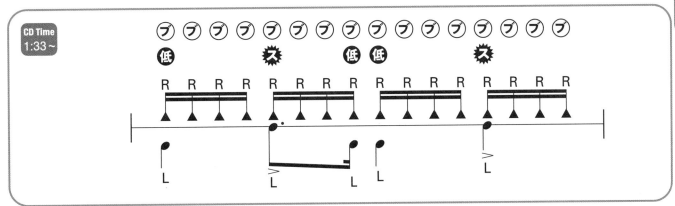

曲の一番最後の音は、ブラシを打面に強めに当て左右に高速に擦らせてロールします。締めるときはゆっくりして（rit.）力も抜くと音量も小さく（p）なります。

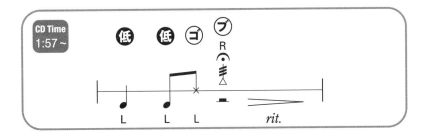

ハナミズキ 一青窈

作詞：一青窈　作曲：マシコタツロウ

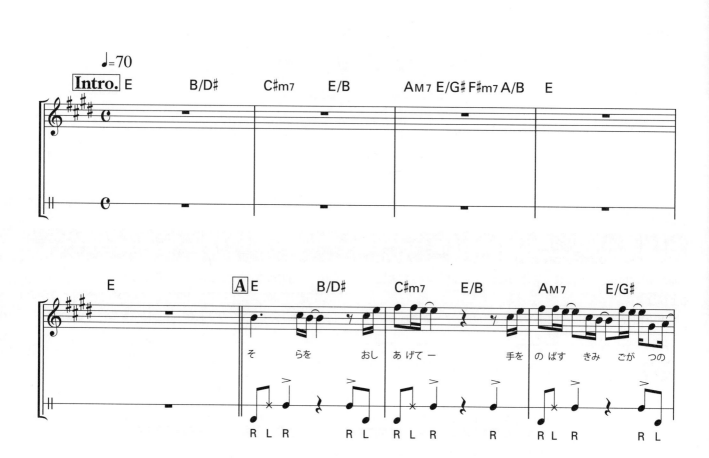
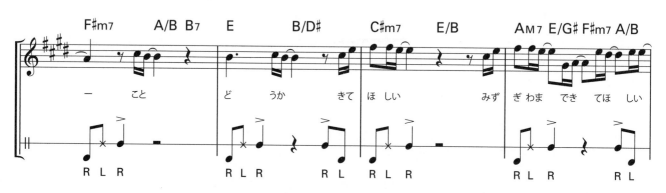

Lemon
米津玄師

作詞：米津玄師　作曲：米津玄師

CD Track 05　編曲：Keiko　歌唱：ありむらまるこ

 ためるような16ビートシャッフルと
ロールのアプローチ

切ない曲調にマッチする少し重めのシャッフルで叩きましょう。
スペースを多く取りたいので8分と16分を混ぜたリズムパターンにしています。

A' 基本パターン

リズムは少し跳ねていますが、跳ねすぎないように気をつけましょう。歌に合わせてクールな中にも歌心を込めて演奏します。低音の跳ねのタイミングに注意しましょう。

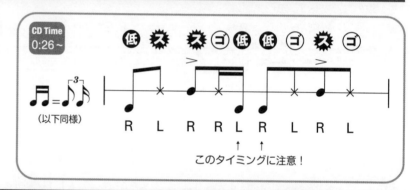

B 休符を活かした印象的なシーン

原曲ではスネアドラムで演奏されているフレーズです。曲の中でも印象的なシーンです。高音での3連符は左手からスタートするので、音色がばらついたり、リズムが詰まったりしないように注意しましょう。アクセントはいりません。休符をしっかりカウントしてください。

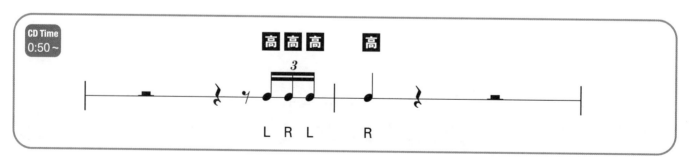

C 基本パターン

小節の頭でシンバルを左手で打ちます。同時に低音を右手で叩きます。シンバルからの移動が間に合わない場合は、その次の左手の8分音符は省略して構いません。右手のスラップから入ってください。

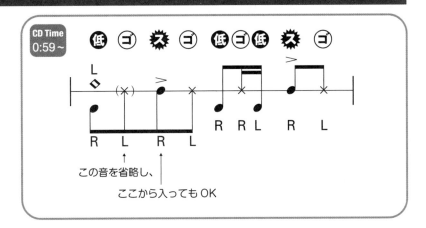

D 基本パターン

次のサビに向かって一度音量が落ちます。リズムもシンプルになりますが、緊張感は保ってください。次の大サビに向かってエネルギーを溜めるような気持ちで。

低音での跳ねたリズムが甘くならないように気をつけましょう。休符(R)のときもビートを感じるために、音にはしないですが下記の手順で手は動かします。

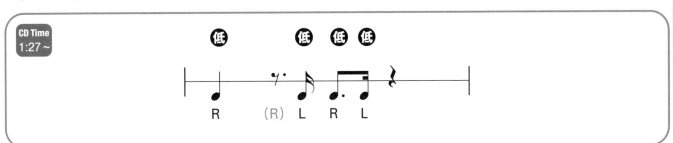

　後半は、インプロビゼーション(即興)があります。ここではカホンのロールを3種類演奏しています。
1つ目は、高音から低音へのロール。
2つ目は、足でミュートして低音から高音までのロール。
3つ目は高音から低音へのロールですが、早めにrit.をかけています。
　最初はお手本を真似してプレイしてください。慣れてきたら即興で演奏してみましょう。

Lemon 米津玄師

作詞：米津玄師　作曲：米津玄師

※2: シンバル後移動で休みでも可

47

ここからは、少しだけ難易度がアップした
楽曲に取り組んでみましょう。
叩ける曲が増えると、さらに楽しくなりますよ！

世界に一つだけの花

SMAP

作詞：槇原敬之　作曲：槇原敬之

CD Track 06　編曲：Keiko　歌唱：渡辺大地

学べるテーマ：16分音符を3-3-2のアクセントに分けたカホンに適した16ビート

16分音符を3-3-2のアクセントで分けた16ビートは、カホンではよく出てくるパターンです。いろいろな曲で使えるのでしっかりマスターしましょう。

Intro. 2/4拍子の特徴的なフィルと、基本パターン

イントロに入る前に、4分の2拍子でのフィルインがあります。このフィルも、16分音符を3-3-2のアクセントで分けています。2拍で次の小節の頭に入れるように注意しましょう。

イントロのパターンは、1小節に3-3-2のパターンが2つ入ります。アクセントのタイミングで低音を叩きます。他の音は、指先で軽く打面を触る程度です。

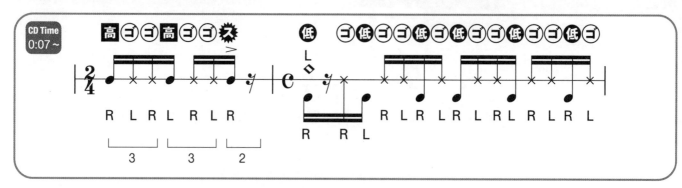

Aに入る前にも4分の2拍子があります。イントロに入るときもAに入るときも、次の小節で左手でシンバルを叩くため休符があります。叩いた後もすぐにはカホンに戻れないため、左手の16分音符分が休符になっています。

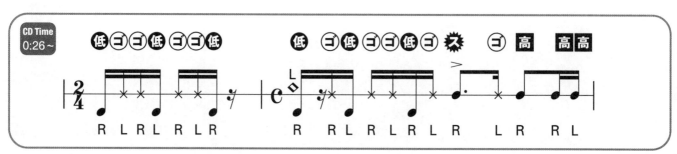

A 基本パターン

1小節目の前半(1・2拍目)は16分音符が3-3-2のアクセントで分かれていますが、後半(3・4拍目)は16分音符が4-4のアクセントで分かれます。

4拍目は高音でスラップします。スラップの後のリズムを2種類叩き分けていますが、特に決まりはないので自由に遊んでみてください。

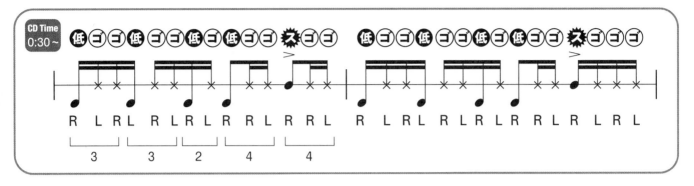

B 基本パターン

A のパターンのバリエーションです。サビに入る前の2拍フィルでスラップの連打があります。左手のスラップもしっかり音を出せるようにしましょう。

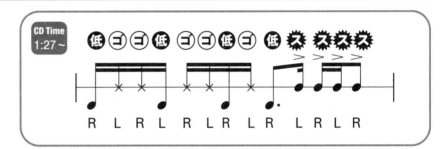

C 基本パターン

サビに入った小節の頭にもシンバルがあるためイントロと同じパターンですが、1小節目だけは休符があります。

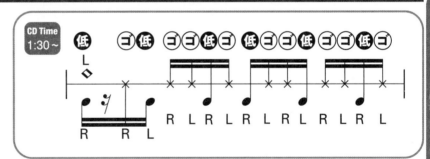

Ending 徐々に小さく遅くなるロールからの締め

曲の一番最後は、低音を高速で叩くロールです。曲の減衰とともに小さく遅くしていって、最後に締めます。一緒に演奏する人がいる場合、締めの音はお互いに目配せなどで合図をしてから叩きます。

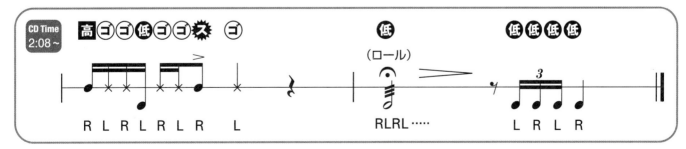

世界に一つだけの花 SMAP
作詞：槇原敬之　作曲：槇原敬之

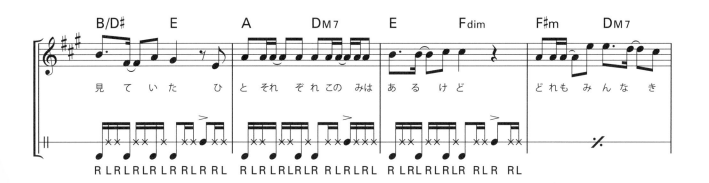
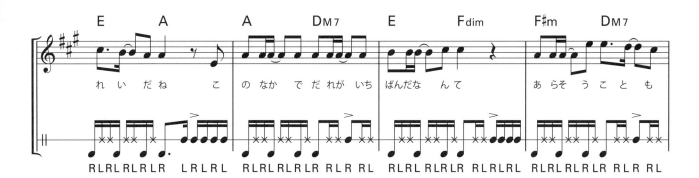
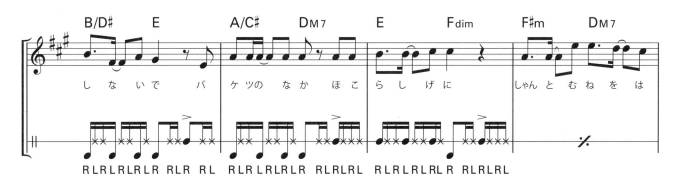
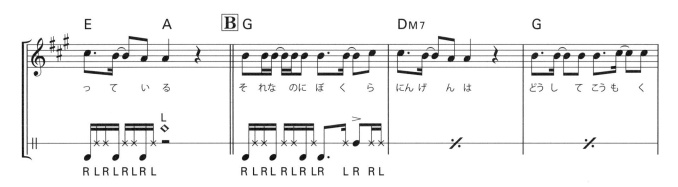

世界に一つだけの花 SMAP

カホンシンバル①

　カホンの演奏において必須とも言えるのがカホンシンバルです。選ぶ際には**[叩きやすさ][音色]**を基準にしましょう。

　カホンシンバルは、ドラムなどで使われる小型シンバル、スプラッシュシンバルが該当します。ただし、ドラム用に作られたスプラッシュシンバルはスティックで鳴らす想定で作られており、カホン演奏時のように手で鳴らすと鳴りにくいものもありますので注意が必要です。重さがあるもの、厚みがあるものは手で鳴らしにくいので、薄いタイプがカホンには最適です。大きさは8〜11インチくらいものが便利でしょう。

　カホンに適したシンバルは各メーカーから発売されています。その中から代表的なものを紹介しましょう。

ZILDJIAN

A ZILDJIAN FLASH SPLASH　8"&10"

シンバルのスタンダードといえばAジルジャン。ジャンルレスで様々なドラマーに愛され続けているシリーズです。フラッシュスプラッシュはピーター・アースキンとの共同開発で生まれ、カップ部のみレイジング（音溝加工）無しのブリリアント仕上げ。通常のAジルジャンスプラッシュよりも音抜けが良く、サスティンが長めなのが特徴。少しキラッとしたサウンドをお求めの方にオススメです。

K CUSTOM HYBRID SPLASH　9"&11"

世界的に好評なハイブリッドシリーズは、神保彰プロデュースの画期的なシンバル。センター部のレイジングが無いブリリアント仕上げで、ダークサウンドながら音抜けの良いシリーズです。スプラッシュは、立ち上がりが良く程よいサスティンが特徴で、ボリューム感は大満足。ジャンルレスで使える万能スプラッシュです。

A CUSTOM EFX　10"&14"

Aカスタムはアーティストとのコラボレーションで誕生したシリーズ。スムーズでスウィートな音色なので、レコーディングからライブまで幅広いシーンに対応するモダンなサウンドです。EFXはサウンドホール加工が数ヶ所に施され、キラッとしたニュアンスを持ちながらトラッシーなサウンドのエフェクトシンバル。音抜けを求めるなら10"、クラッシュ要素とボリュームを求めるなら14"がオススメです。

FX ORIENTAL TRASH SPLASH　9"&11"

オリエンタルシリーズはエキゾチックな東洋の香りを醸し出すエフェクトシンバルシリーズです。トラッシュスプラッシュは特徴的な形状のシンバルで、トラッシーで立ち上がりが速く、ミニチャイナとスプラッシュの良いところを兼ね備えたスプラッシュ。他のスプラッシュと併用しても相性抜群です。

製品に関する詳しい情報はこちらでご覧いただけます。
ヤマハミュージックジャパンWebsite ZILDJIAN商品ページ……http://www.zildjian.jp/

P61に続く

どんなときも。
槇原敬之

作詞：槇原敬之　作曲：槇原敬之

| CD Track 07 | 編曲：Keiko
歌唱：渡辺大地 | 学べるテーマ | 右手左手の順が変化する
3-3-2 パターンの 8 ビート |

この曲では、さまざまなタイプの8ビートを叩けるようになります。
曲中でパターンが何度も変化するので叩き分けの練習になります。

Intro. 基本パターン

3-3-2にアクセントが来る8ビートです。手順は交互ですが3つごとに低音を叩くので、右手と左手で交互に低音を叩くのが最初はトリッキーに感じると思います。慣れるまで練習してください。2のところは高音でスラップです。イントロは4小節フレーズです。

3-3-2の8ビートが2小節の後、3小節目は2〜4拍目のそれぞれ裏(左手)にアクセントがくるので、タイミングに気をつけましょう。

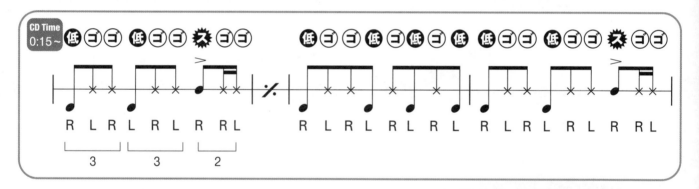

A 基本パターン

1・3拍目に低音(ドラムのキック)、2・4拍目に高音(ドラムのスネア)がくる、基本的な8ビートです。

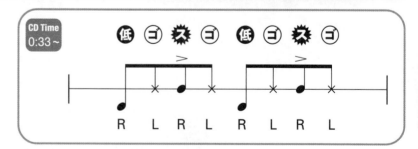

後半は低音(ドラムのキック)が増えて、高音(ドラムのスネア)が減ります。

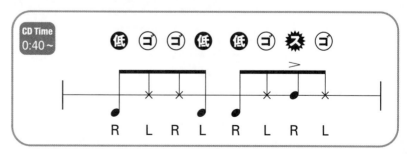

B 基本パターン

ゴーストノートもなくなってシンプルになります。
リズムが詰まらないように注意しましょう。

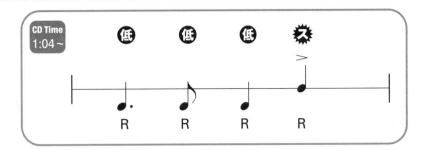

C 基本パターン

Aの後半にも出てきたパターンです。

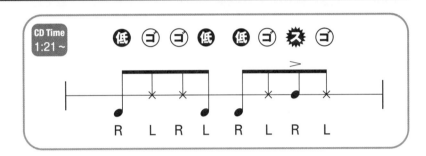

Ending 基本パターン

イントロと同じノリですが、リズムのバリエーションを増やすためにフレーズを少し変えてあります。
スムーズに演奏できるようにしましょう。

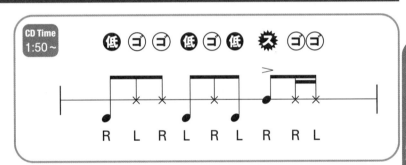

どんなときも。 槇原敬之
作詞：槇原敬之　作曲：槇原敬之

カホンシンバル②

ZILDJIAN （続き）

S CHINA SPLASH 8"&10"

高域〜低域までバランスの取れたレスポンスと、ロングサスティンが特徴のSシリーズ。幅広いシチュエーションに対応できる豊富なラインナップがあり、キラッとした音抜けの良いサウンドを求めるプレイヤーにオススメのシリーズです。チャイナスプラッシュは、スクエアタイプのベル（中央の盛り上がった部分）と急角度のボウ（中央以外のなだらかに広がった部分）が生み出すトラッシーなサウンドが特徴。存在感抜群のスプラッシュです。

UFiP

Traditional Splash 8"(Low/Medium)

UFiPならではの王道で癖のないパンチのあるサウンド。ロック、ポップ、ジャズなど、さまざまなジャンルにマッチします。

Dry Splash 8"&10"

前の通り、ドライなサウンドを強調した個性的なサウンド。オルタナティブ、ミクスチャーなど今現代の音楽に最適です。

XIMBAU 8"(Low/Medium)

1/4サイズのシンバルにシズルでジングルを取り付けたエフェクトシンバル。シンバルの音ではなく、「カシャ！」という歯切れの良いアクセントを演出します。効果音やリズムを奏でる際に使用される人気のエフェクト系シンバルです。

製品に関する詳しい情報はこちらでご覧いただけます。
ZILDJIAN●ヤマハミュージックジャパンWebsite ZILDJIAN商品ページ……**http://www.zildjian.jp/**
UFiP●キクタニミュージックWebsite UFiP商品ページ……**http://www.kikutani.co.jp/UFiP/UFiP-index.html**

となりのトトロ
井上あずみ

作詞：宮崎駿　作曲：久石譲

CD Track 08　編曲：Keiko　歌唱：吉岡亜衣加

 ヒール＆トゥの変則的な叩き方

イントロとサビでヒール＆トゥの変則的な叩き方をマスターします。
さりげなく難易度高めです。

Intro. 基本パターン

手の手首付近の、肉付きの良い部分で低音を叩きます。手順は右手→右手→左手です。

余裕のある人はここでヒール＆トゥを使いましょう。手順は右手のヒール→右手のトゥ→左手のヒールです。変則的に感じると思いますが、ヒール＆トゥの解説のページ(STEP 1 P16〜17)で説明している「左手のヒール→右手のヒール→左手のトゥ→右手のトゥ」の順番通りに流れています。下の譜面のカッコ内は演奏しない部分です。

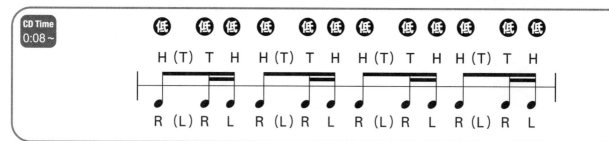

A 基本パターン

2拍目の裏と3拍目頭をタイでつないだシンコペーションのある8ビートです。4拍目に一番のアクセント(スラップ)がきます。タイでつないだ音が詰まらないように注意しましょう。

B 基本パターン

サビの前に2小節のフィルインがあります。クライマックスのシンバルまで小節をまたいだ6拍目にあります。

フィルのフレーズも8分音符が3-3-3-1で分かれているので、拍がわからなくならないように気をつけましょう。

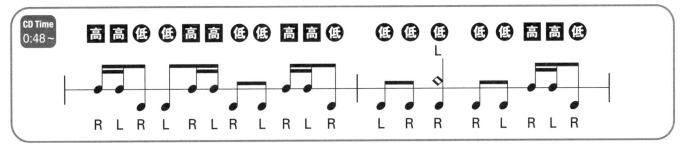

C 基本パターン

イントロと同じヒール＆トゥを使ったパターンです。Bの最後のフィルインから小節頭にシンバルを打ってすぐにヒール＆トゥに入らなければいけません。一連の流れがスムーズにできるように、取り出して練習しましょう。

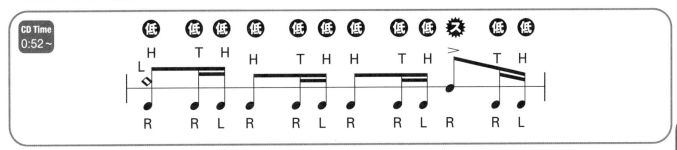

2拍3連はより強調したいのでミュートスラップで叩きます。低音の位置で、左手で打面を押さえつけた状態で右手でスラップすると、打面を押さえつけた分だけチューニングが上がって、甲高いスラップ音が出ます。

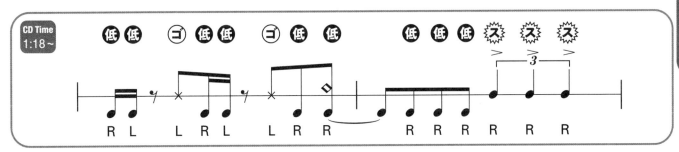

となりのトトロ　井上あずみ
作詞：宮崎駿　作曲：久石譲

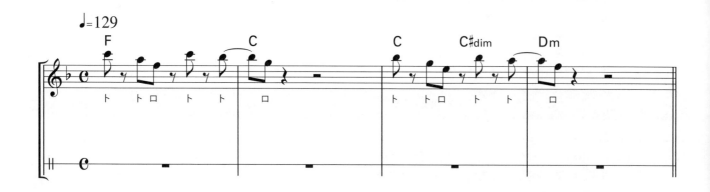
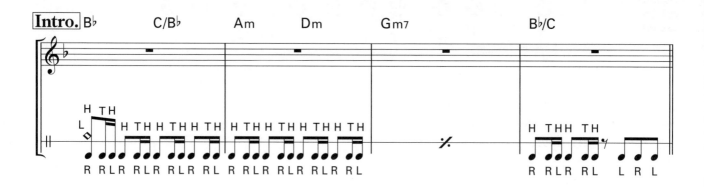
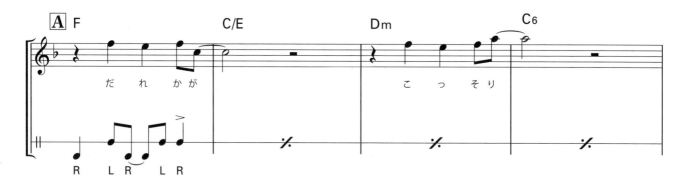
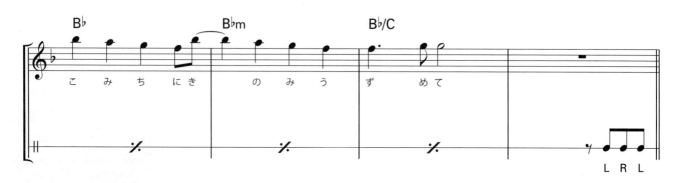

カホン演奏を彩る関連パーカッション

ここでは、カホンとよく組み合わせて演奏されるパーカッションを紹介します。
カホンとのコンビネーションで楽曲をさらに彩ってくれます。

シェーカー
手で振ってリズムを刻む楽器です。

写真の楽器：
ROHEMA 61620

リストベル
手首に巻いて鳴らす鈴です。

写真の楽器：
ROHEMA 61579

アンクルベル
足首に巻いて鳴らす鈴です。

写真の楽器：
ROHEMA 61581

スレイベル
直訳すると「そりの鈴」。サンタクロースが来るような雰囲気を演出できます。

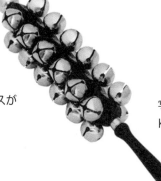

写真の楽器：
KIKUTANI HL-S

ウィンドチャイム
長さの異なる金属が吊るされていて、端から端にグリッサンドしながら鳴らす楽器です。シーンの転換などによく使われます。

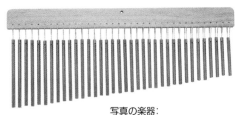

写真の楽器：
KIKUTANI TC-36

写真の楽器に関する詳しい情報はキクタニミュージックWebsiteでご覧いただけます。
http://www.kikutani.co.jp/

さくら（独唱）

森山直太朗

作詞：森山直太朗／御徒町凧　作曲：森山直太朗

CD Track **09**　編曲：四月朔日義昭　歌唱：四元壯

 スローテンポの16ビートと空間を利用したパターンの叩き方から盛り上げ方

ゆっくりなテンポの16ビートを叩きます。歌に寄り添うようにゆったりと演奏しましょう。

A 基本パターン

スペースの多い16ビートを叩きます。1拍目は16分音符を叩いていますが、聴感上では頭の低音以外ほとんど聴き取れません。空間をたっぷり使うことで、歌の世界観に寄り添います。

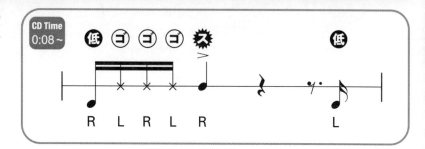

B に行く前の小節でフィルを入れて、ボルテージを1段階上げて B に突入します。スラップ、装飾音符、32音符とさまざまな要素が出てくるので、この小節だけ取り出して練習しましょう。

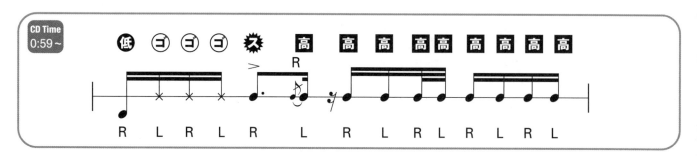

B 基本パターン

A より空間を埋めた16ビートのパターンになりますが、ここでもまだあまり16ビートを強調しません。

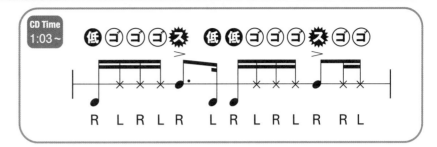

サビに行く前の小節でフィルを入れて、サビに向かってさらにボルテージが上がります。8分音符の右手の連打でクレッシェンドしましょう。装飾音符も2箇所出てくるので、手順と装飾音符のタイミングの練習にもなります。

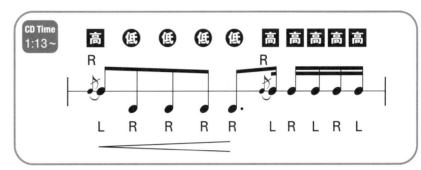

C 基本パターン

ここからはしっかり16ビートを叩きます。でも、あまり細かい音符が強くなりすぎないように。

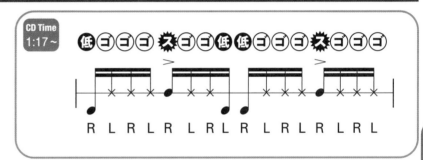

サビの4小節目のフィルで32分音符の連打がありますが、アクセント以外は粒を揃えてさりげなく叩きましょう。

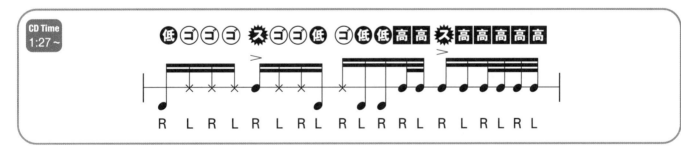

その後の2小節は、歌に合わせて低音の位置が変化しています。テンポキープをしながら歌に寄り添う気持ちで叩きましょう。

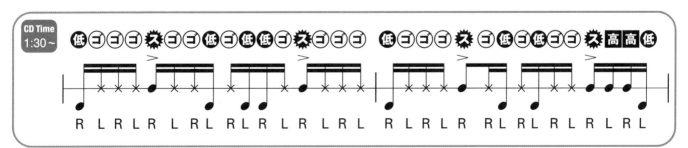

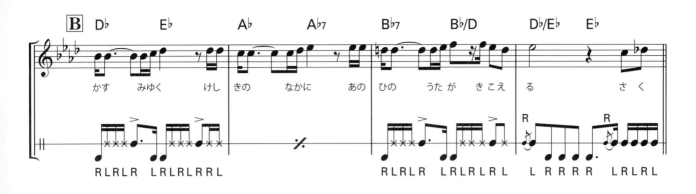
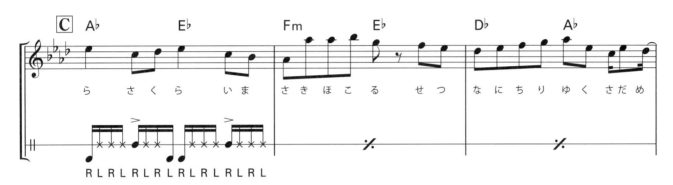
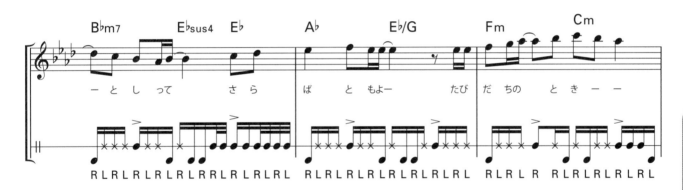
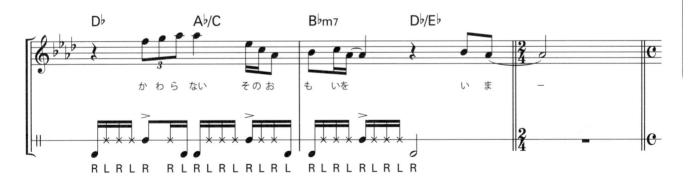
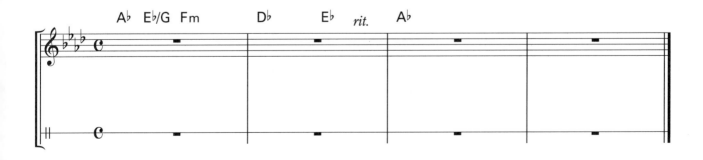

カブトムシ
aiko

作詞：aiko　作曲：aiko

| CD Track 10 | 編曲：Keiko　歌唱：Nao | 学べるテーマ | 8ビートとハネた16ビートを混在させる |

原曲よりハネを強調して演奏していますが、完全にハネた16ビートシャッフルで叩いているのではなく8分と16分が混ざったビートで演奏しています。

A 基本パターン

体では細かいノリを感じていますが、スペースを多くとって大きめなノリで演奏しています。歌のフレーズに合わせてパターンを変化させていますので、同じパターンをずっと続けて叩いていません。4分、8分と16分が混ざったパターンになっていますが、手順はこの限りではありませんので、皆さんもいろいろトライしてみてください。

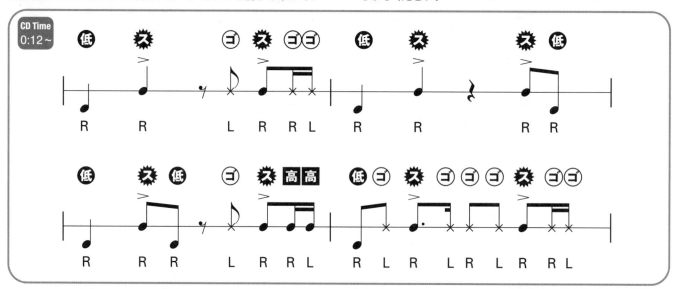

B 基本パターンとフィルイン

ハネた16ビートの雰囲気になってきましたが、ここでも要所要所に8分を入れています。4分の2拍子のフィルインはハネています。

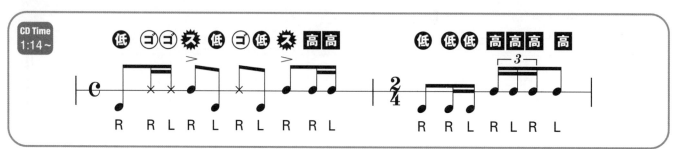

C 基本パターンとフィルイン

サビから決まったリズムパターンで叩いています。1拍目に1打、3拍目に2打低音を入れて、2拍4拍にスネアのアクセントが来るオーソドックスな8ビートです。2拍目と4拍目の裏に16分を入れて、ハネた感じを出しています。8小節目のフィルはハネています。3連符のフィルが印象的に何度も出てきますのでマスターしましょう。

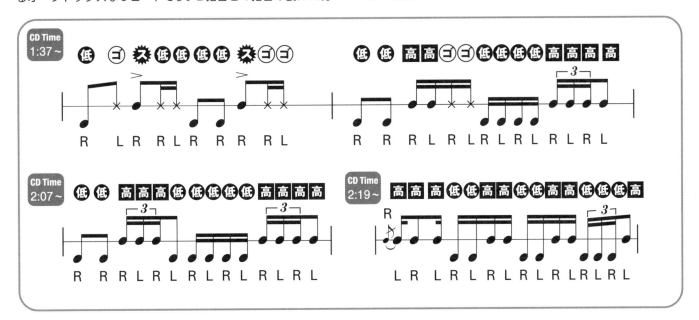

Ending 基本パターンと、曲のエンディング

エンディングの2小節目と4小節目の2拍目裏のアクセントを強調するため、低音と一緒にシンバルを叩いています。続く8分音符のゴーストノートは、その低音を叩いたポジションで右手の指先を軽く当ててください。低音の場所から右手を移動する必要がなくなるので、手順が右で続いても楽に演奏できます。

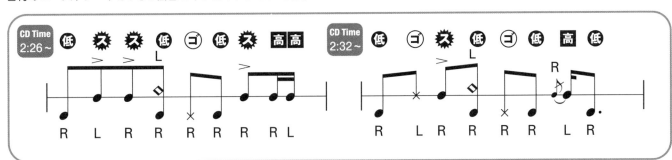

最後はロールで終わります。低音を高速で交互に叩き、だんだん減衰させて締めます。締めるときのリズムは定番を書いてありますが、この限りではありません。演奏している人と息を合わせて一緒に止まれれば、リズムはもっとシンプルで大丈夫です。

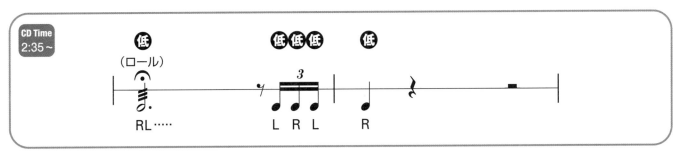

カブトムシ aiko

作詞：aiko 作曲：aiko

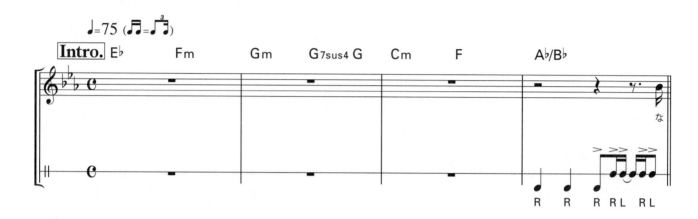
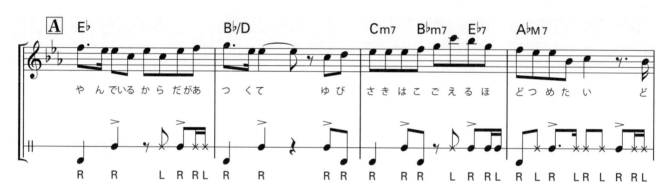
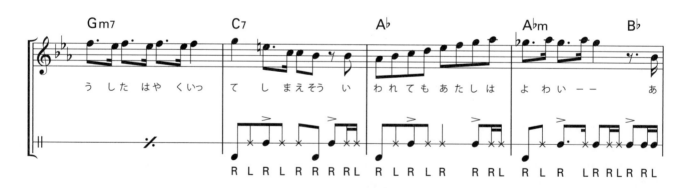
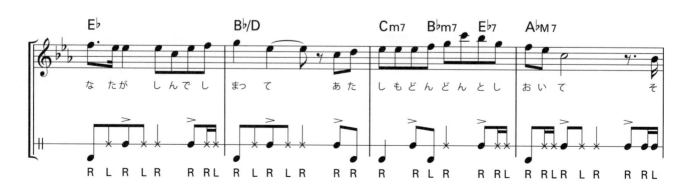

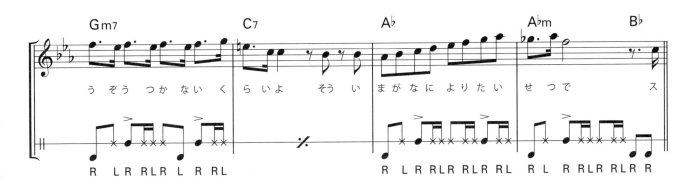
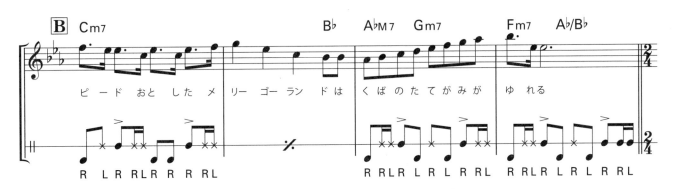
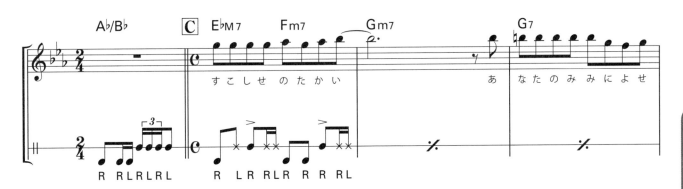

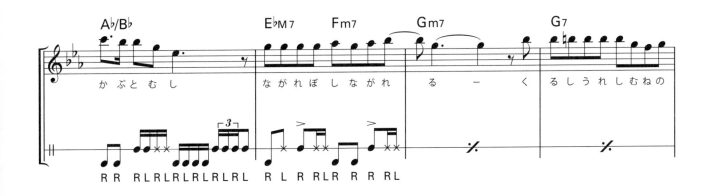

カブトムシ aiko

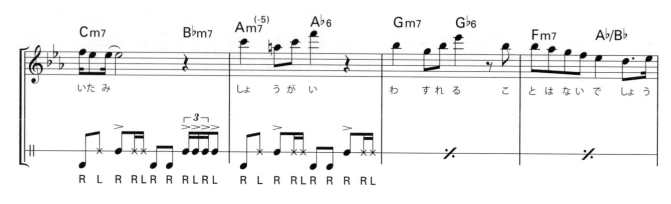
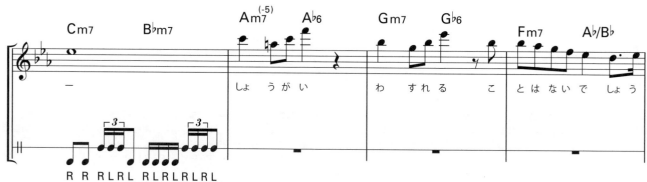
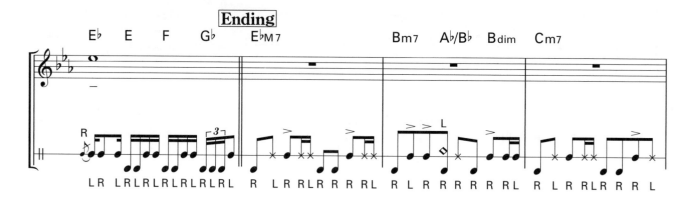
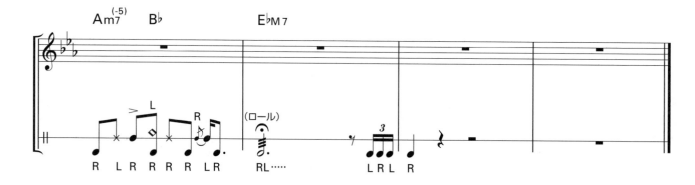

はたけやま裕 使用カホン

本書の著者、はたけやま裕が使用するカホンの一部を紹介します。

Decora Cajon
8PO-you2320sp3

はたけやま裕 最新モデルのカホンです。幅が320mmと標準サイズのカホンより広くなっており、低音が出やすいのが特徴。右手側の打面は3種類の音を出せる特殊加工になっています。打面裏の響き線(ワイヤータイプ)は8個のペグで調整するタイプ。

DeGregorio'
Siroco Plus

コンパクトで持ち運びにも便利な折りたたみ式カホン。スネアのようなサウンドやセンシティブな高音、バスドラムのような深い低音まで幅広い表現が可能です。

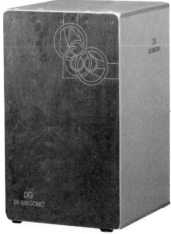

DeGregorio
Chanela

ダブルスネア(響き線4×2本=8本)の採用により、高音のカリカリとした音と低音のドスンとした音が一体となって発せられます。豊富なカラーラインナップも魅力です。

製品に関する詳しい情報はこちらでご覧いただけます。
Decora Cajon ● Decora43(デコラ43)Website …… http://decora43.com
DeGregorio ● キクタニミュージック Website DeGregorio'商品ページ …… http://www.kikutani.co.jp/DEGREGORIO/index.html

恋するフォーチュンクッキー

AKB48
作詞：秋元康　作曲：伊藤心太郎

CD Track 11　編曲：Keiko　歌唱：桑原苑美

学べるテーマ：転がるような16ビート、ヒール＆トゥと指技

曲の雰囲気に合わせて、元気よく楽しく16ビートを叩きましょう。
ヒール＆トゥの叩き方をマスターします。

Intro. 基本パターン

1小節目にミュートスラップが出てきます。3拍目裏の8分音符は、低音を叩くポジションに左手全体を当てます。打面を軽く押さえる感じで、その状態のまま右手スラップ。叩き終わりに、左手はそのポジションのまま指先（トゥ）だけ当てます。

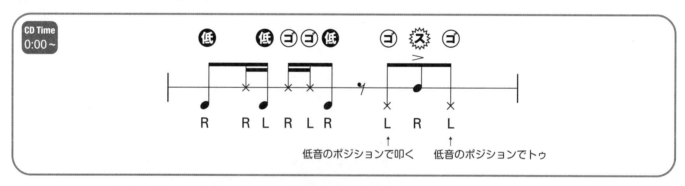

A 基本パターン

右手が忙しく感じますが、手順は16分音符単位での右左交互になっています（カッコ部分の手順は音を出さないところ）。3拍目の低音の8分音符を右→左と交互にしても問題ないですが、右手のみにして音には出さない音も叩くと、間が埋まってリズムの流れを止めません。

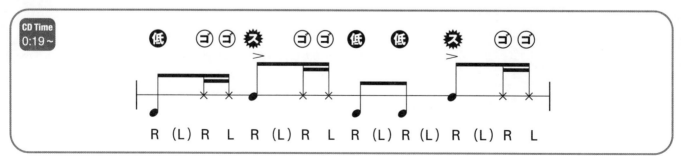

B 基本パターン

低音を高速の16分音符で叩きます。右手左手交互に、手首付近の肉厚な部分を当てて音を出しましょう。余裕のある人は、ヒール＆トゥの奏法で叩きます。手順は右手のヒール→左手のトゥ→右手のトゥ→左手のヒールです。ヒール＆トゥの奏法解説(P.16)では、左手のヒール→右手のヒール→左手のトゥ→右手のトゥで練習しましょうと説明していますが、これを右手ヒールからのスタートにした手順になっています。

最初は音が出にくく手順も難しいので、慣れるまでは1拍単位でゆっくり繰り返し練習し、手の動きを頭に覚えさせましょう。慣れると楽に16分音符の高速連打が演奏できるようになります。

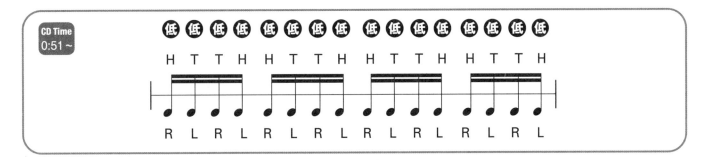

C 基本パターン

Aの16ビートのバリエーションです。盛り上がるごとに音数が多くなっています。

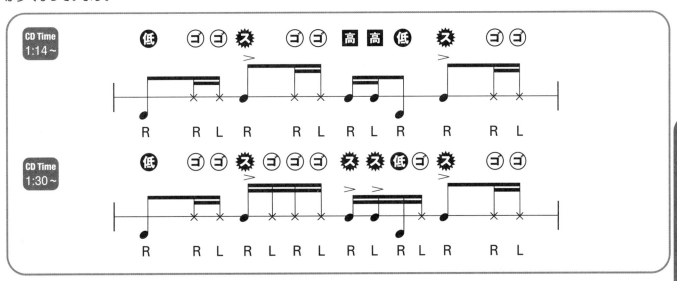

Ending 曲の最後を飾る、カホンの花形とも言える指技

曲の一番最後に、カホンの花形プレイと言っても良い指技が出てきます。指順は右手の薬指(④)→右手の中指(③)→右手の人差し指(②)→左手の中指(❸)→右手のスラップです。指の音は、最初は音量が出ないので根気よく1本ずつ練習してください。力むと筋を痛めるので、力を入れずに重みを乗せて落とす練習をしましょう。骨で鳴らすイメージを持つのがコツです。

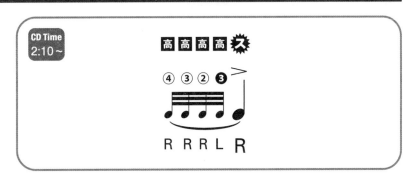

STEP 2
実践編
難易度 C

最終章では、さらに難易度の高い楽曲に挑戦します。
ここまで叩けるようになったら、
あなたのカホンの表現力はかなりアップしているはずです！

チェリー
スピッツ

作詞：草野正宗　作曲：草野正宗

CD Track **12**　編曲：四月朔日義昭　歌唱：四元壯

学べるテーマ：16ビートのシャッフルと6連符

16ビートシャッフルです。
ハネた16ビートと6連符をマスターしましょう。

Intro. 基本パターンとフィル

まずはイントロのフレーズから。ハネた16ビートを叩きましょう。リズムの感じ方は、16分音符2つが、3連符2つと1つの長さになります。下記を参照ください。

8小節目はシンコペーションのフィルで、2拍目裏の低音のアクセントにシンバルを合わせます。

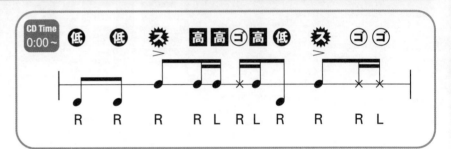

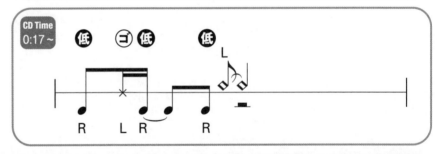

B 基本パターン

Aの最後の小節からBの2拍フレーズのノリにチェンジします。2拍目4拍目のアクセントはミュートスラップで叩きます。1拍目の左手のゴーストノートは、低音を叩く位置に左手全体を置いて打面を軽く押さえつけます。ここではそんなに鋭いスラップは必要ないので、軽く押さえた状態で右手でスラップします。

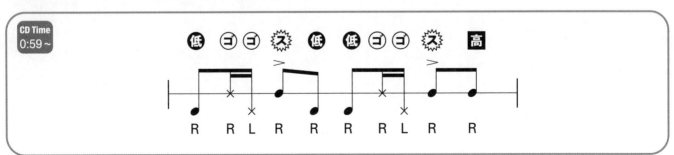

C 基本パターン

ここでは歌が抜けて、3小節間は楽器演奏だけのシーンになるので、2〜3小節目は即興的に演奏しています。まず2小節目は、低音の位置をわざとパターンから外し、後半32音符を入れて手数を増やしています。3小節目は2拍フィルで、6連符が2つ連続で出てきます。ポジションも高音から低音へと変わるので忙しいです。慣れるまでは、ここだけ取り出して練習しましょう。

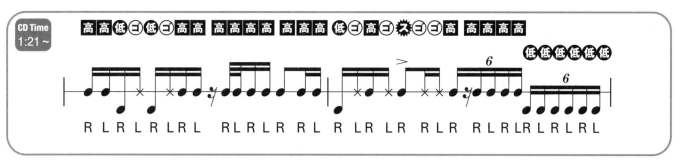

6連符とは、1拍に6つの音を均等の長さで入れることです。下記を参照ください。

D 後半のパターン

Inter. の1〜2小節前はシンコペーションのパターンが出てきます。通常、拍の頭は右手から演奏しますが、このパターンは3拍目の頭を左手で演奏した方がスムーズです。

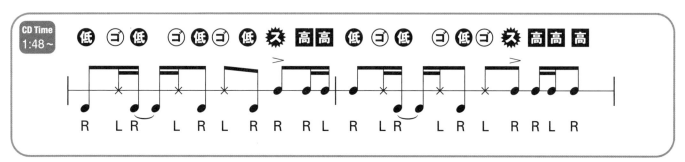

Inter. E 特徴的なフィルイン

曲の後半にも、6連符の2拍目を抜いたフィルインが2回出てきます。ハネ系リズムでは使えるフィルなので、ぜひマスターしましょう。

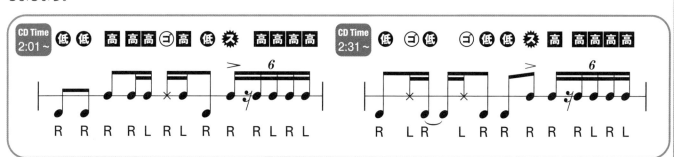

チェリー　スピッツ
作詞：草野正宗　作曲：草野正宗

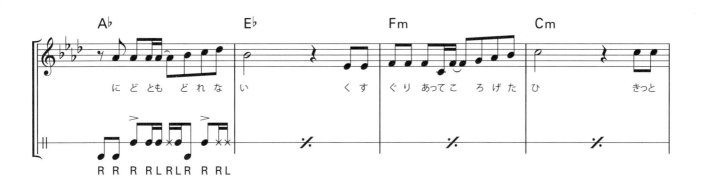
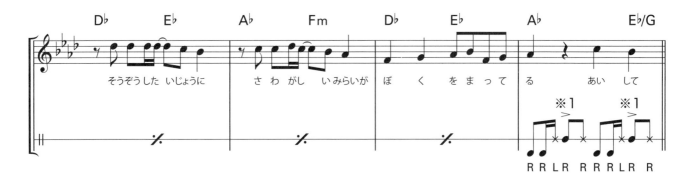
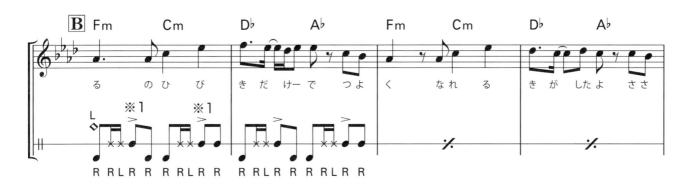
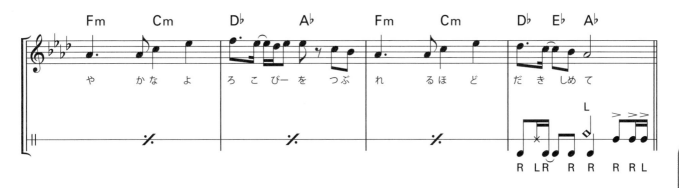
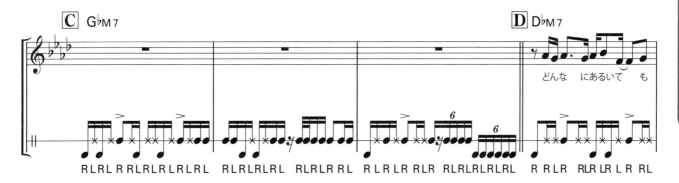

※1：ミュートスラップ

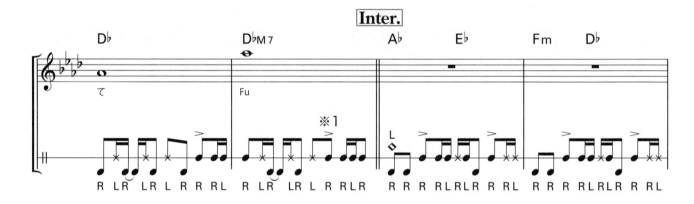
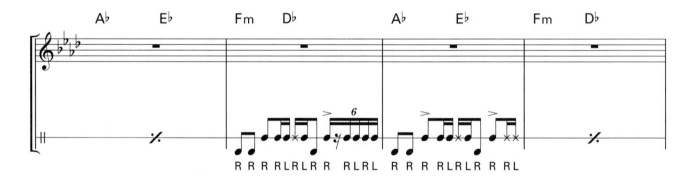
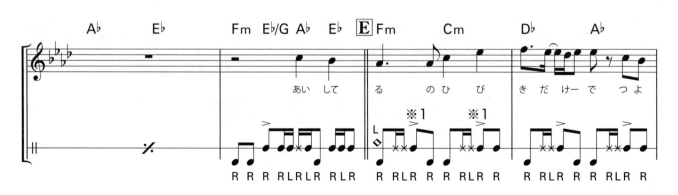

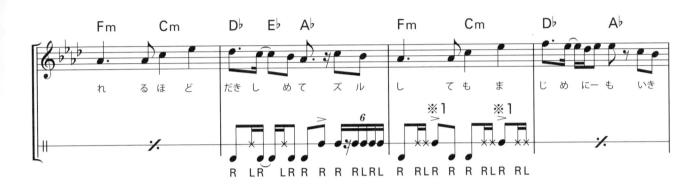
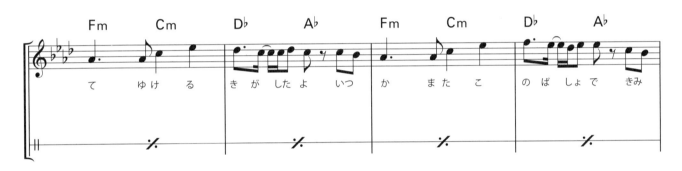
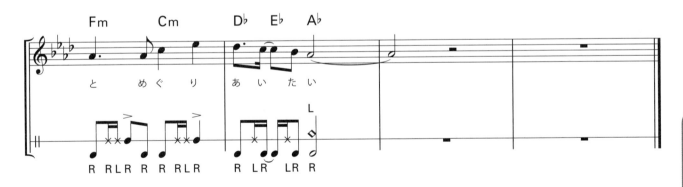

愛をこめて花束を
Superfly

作詞：多保孝一／いしわたり淳治／越智志帆　作曲：多保孝一

 編曲：Keiko
歌唱：ありむらまるこ

 ゴーストノートを含む16ビートのコンビネーションと指技、頭抜きフレーズ応用

難易度高いです。32分音符の多用やシンコペーション、指技、頭抜きフレーズなど実戦で使えるさまざまな技が入っています。応用編です。

Intro. シンコペーションするリズムと2拍フィル

　カホンはイントロの3小節目からスタートします。曲のフレーズに合わせたシンコペーションのリズムです。2拍目裏の低音のアクセントに左手でシンバルを合わせるので、その前後のゴーストノートは省略します。シンバルは、手を脱力した状態で手首のスナップを使って打ち下ろします。力は入りません。2拍目裏のシンバルを打ち放した後、低音の8分音符の連打は手順が交互ではなく全て右手です。次の小節の2拍フィルでスラップの連打があるので、音の粒を揃えて叩けるようにしましょう。

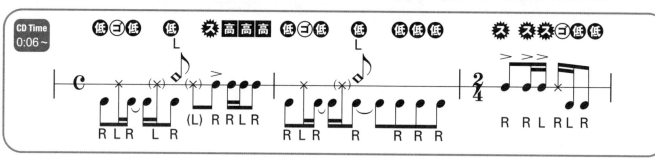

　スラップは、手を脱力させて手首のスナップを使って叩きます。このとき、親指をカホンの角に当てないように気をつけてください（詳しくはSTEP 1のP14を参照）。

A 基本パターン

　「ありがとう」「歌うたいのバラッド」にも出てくるオーソドックスな8ビートです。よく使われるパターンなので確実にマスターしましょう。
※CDでは16のゴーストが聴こえてきますが、シンプルな8ビートから曲をスタートさせます。

　2拍目4拍目のドラムのスネアの位置で高音のアクセント（スラップ）を叩き、低音を1拍目に1打と3拍目に2打続けて叩きます。低音は、手のひら全体を均等に打面に当てて音を出します。手首は使いません（詳しくはSTEP 1のP12を参照）。

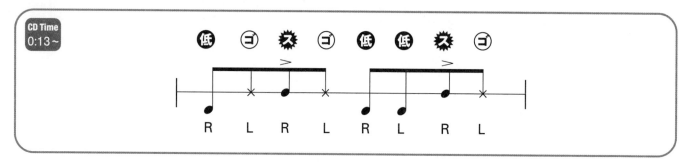

B に入る1小節前のフィルは、3拍目に16分休符があり、低音の位置も3拍裏とトリッキーです。4拍目は、1拍の中に8分/16分/32分音符が出てきます。この小節だけ取り出して練習しましょう。譜割りが難しい部分は音源を聴いて確認してください。

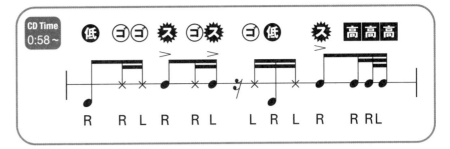

32分音符とは、4分音符の8分の1の長さの音符です。下記を参照ください。

4分の4拍子での1拍の単位

B 2種類の基本パターンと、くいのあるフィル

拍の頭にアクセントが来るパターンです。1、2、3拍の頭に低音で、4拍目は高音のスラップです。

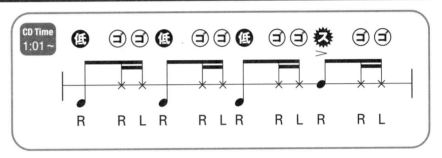

5小節目から、2拍4拍にアクセント（ドラムのスネア）のある2小節フレーズの16ビートになります。2小節目の16ビートは低音（ドラムのキック）の位置が変化しますが、これもカホンではよく使うパターンです。

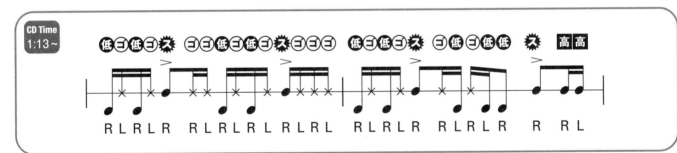

C の1小節前のフィルは、頭が16分休符からの装飾音符始まりで、3拍目に32分音符、そして4拍目に歌に合わせて付点8分音符でのくいがあります。このくいは重要です。強調するためにシンバルも合わせます。

D 即興性の高いフレーズ

　Dの1小節前の右手の8分連打でクレッシェンドします。手順が交互ではなく全て右手になっているのは、同じ手で叩く方が音色が均一になるため、緊張感を持続させたいときや、クレッシェンドをして盛り上げたいときによく使います。

　Dは即興性の高いセクションです。歌に呼応して手数を増やしたり、あえて叩かない瞬間（ブレイク）を作っています。ブレイクの後はカホンの花形プレイの代表技、指技でさらに印象付けます。指の音は、最初はなかなか大きな音が鳴りませんが、力で叩かないようにしましょう。脱力して、重みを指全体に乗せます。骨で鳴らすというイメージを持つのがコツです。

　指技の手順は、右手の薬指（④）→右手の中指（③）→右手の人差し指（②）→左手の高音となります。指技を際立たせるために、休符はしっかり休みましょう。

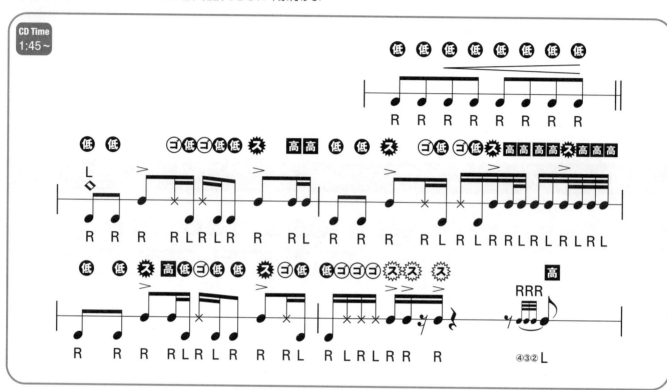

　32分音符も大活躍です。細かいフレーズですが頑張ってください。
ひとしきり盛り上がった後、Eの前でデクレッシェンドします。

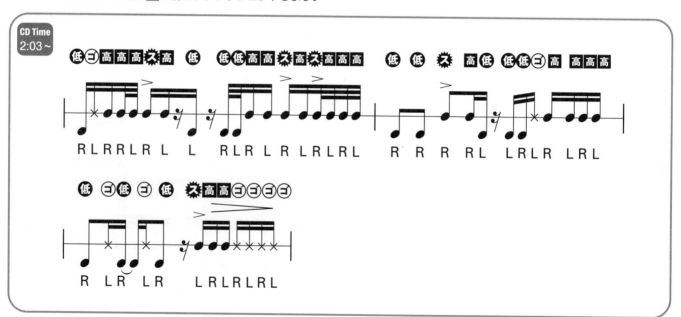

E 8分音符の連打とフィル

　ここからは右手の8分音符の連打の出番です。小さな音からスタートして緊張感を保ちながら4小節かけてだんだんクレッシェンドしていきます。

　4小節目の3、4拍目のフィルはキメです。3拍目裏、4拍目頭がアクセントです。エッジを効かせてください。

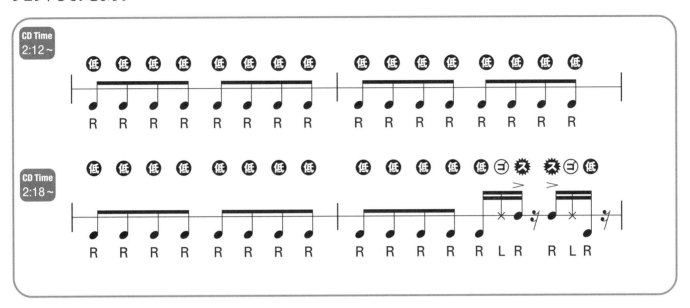

Ending 基本パターン

　エンディングは、またイントロと同じシンコペーションのリズムのパターンです。シンバルをアクセントのタイミングで打つので手順が忙しいですが、適度にゴーストノートを省略しながら格好良く演奏してください。

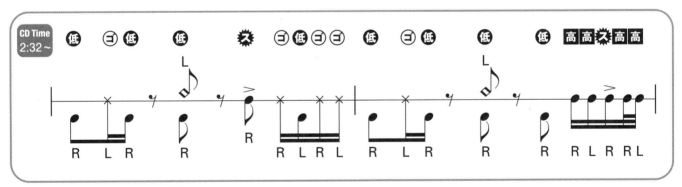

愛をこめて花束を　Superfly

作詞：多保孝一／いしわたり淳治／越智志帆　作曲：多保孝一

※1：（　）内の音符は省略可能

カホン失敗談

今はもうなくなってしまった、六本木のライブハウスでの出来事です。
ソロパフォーマンスで、カホンの打面を足でキックしていたら
「ズボッ！」とそのまま足が埋もれてしまい。はい、打面をぶち破ってしまったという……
やはり打面は蹴るものじゃないですね。そりゃそうだ！
そのまま1ステージ最後まで演奏しました！
ちなみに、当時使っていたカホンは今とは別のメーカーのもので、
デコラカホンになってからはぶち破ってしまったことはないですよ(^^)
今は連打するときは靴を脱いで靴下でやってます。皆様も気をつけましょう。

「白い粉」との出会い

ある梅雨の時期のこと。その日も朝から雨が降る中、和室の畳の上でのライブ。
カホンは木でできているから、打面が皮の太鼓ほどは湿気に影響されないだろうと
特に気にせず叩き始めてビックリ。
指が湿気でくっついて打面から離れないー！！！
カホンは指技が美味しいですがレスポンスが命。
指技のレスポンスの良さと高音のシャープさが特徴のデコラカホンを叩いてるのに、
全くシャープにならない。
そんな中、共演者の某タブラ奏者の方が手につけている白い粉が目に留まりました。
「これ、つけると叩きやすいよ」
早速つけさせてもらったら、ベタベタの指がサラッサラに。
別人のように指が動くようになったのです。
魔法の白い粉……はい、それはベビーパウダーでした。
それ以来必需品となりました。
チャンチャン(^^)

地上の星
中島みゆき
作詞：中島みゆき　作曲：中島みゆき

| CD Track 14 | 編曲：Keiko
歌唱：ナオリュウ | 学べるテーマ | 16分音符を3-3-3-3-4のアクセントで分けた緊張感のある16ビート |

16分音符を3-3-3-3-4のアクセントで分けた16ビートです。
曲の間中、この緊張感のあるパターンが支配します。

Intro. 基本パターン

曲頭から16分音符を3-3-3-3-4のアクセントで分けた緊張感のある16ビートのパターンが始まります。4拍目が一番のアクセントです。強調させるためにミュートスラップで演奏します。

ミュートスラップを叩く1つ前の16分のゴーストノートは、通常のゴーストノートとは違い、左手を低音を叩く位置に置いて打面を強く押さえつけます。その状態で右手でスラップします。打面がミュートされていることでチューニングが上がって、より高音の鋭いスラップ音が出ます。

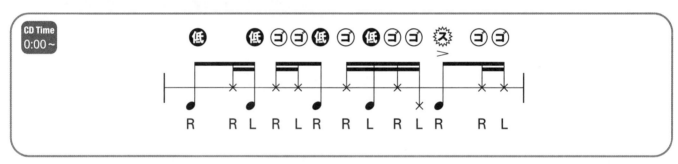

A B も基本的にこのままのパターンで進みます。C (サビ)の前の小節が4分の2拍子になり、パターンの半分でサビに突入します(下欄 C 参照)。この半端な感じがより緊張感を高めます。

C 基本パターン

今まで演奏してきたパターンのバリエーションです。高音のアクセント(スラップ)が左手から始まるパターンなので、左手のスラップをしっかり出しましょう。

スラップは、手は脱力させて手首のスナップを使って叩きます。このとき親指をカホンの角に当てないように気をつけてください。
※スラップの詳しい叩き方はSTEP 1 P14を参照

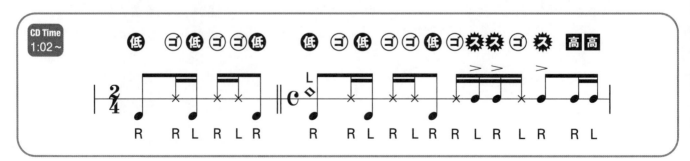

Ending 基本パターン

エンディングは、アクセントが2拍4拍のバックビートになります。

通常の16ビートのノリの中で、ピアノのソロに呼応してカホンも即興的なプレイになります。Endingの3、4小節目や7、8小節目のように、アクセントの位置をずらしたり手数を増やしています。7小節目の4拍目は、4分音符1拍に6つ均等に音を入れる6連符を叩いています。

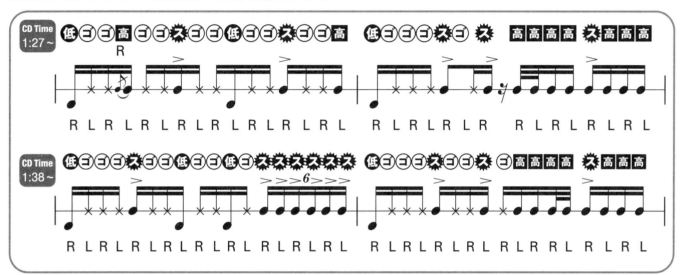

最初は難しいと思いますので、ゆっくりのテンポから練習しましょう。手順は交互です。

このセクションは、最初は譜面通り叩けるように練習して、余裕が出てきたら自由に演奏してみてください。

曲の最後はロールで終わります。低音を高速で交互に叩き、だんだんリットしながら高音のロールに移動して、最後は低音で締めます。締めるときのリズムは定番を書いてありますが、この限りではありません。演奏している人と息を合わせて一緒に止まれれば、リズムはもっとシンプルで大丈夫です。

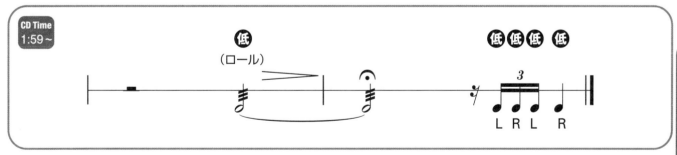

地上の星　中島みゆき

作詞：中島みゆき　作曲：中島みゆき

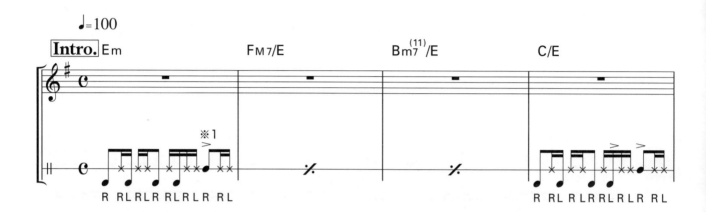
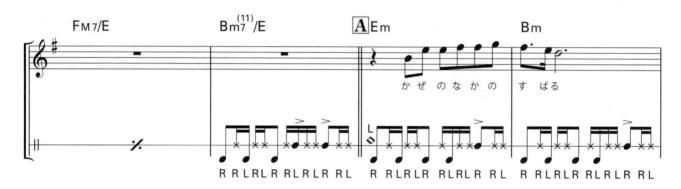
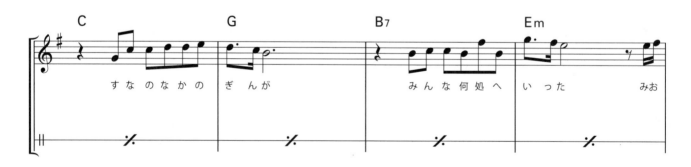
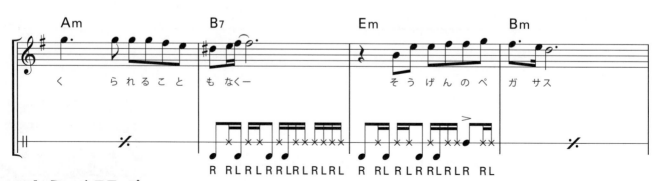

※1：ミュートスラップ

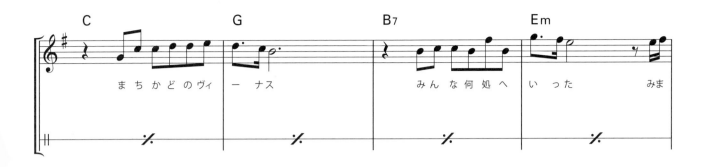
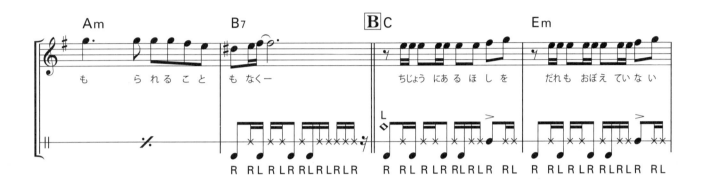
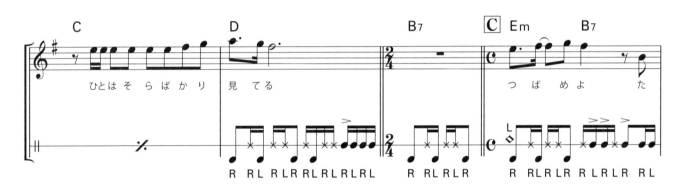
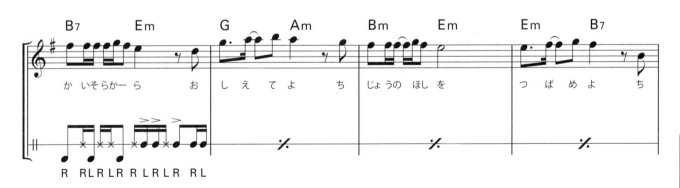
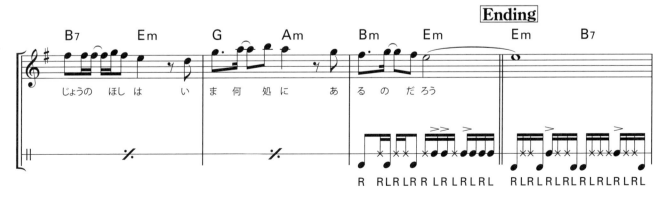

地上の星　中島みゆき

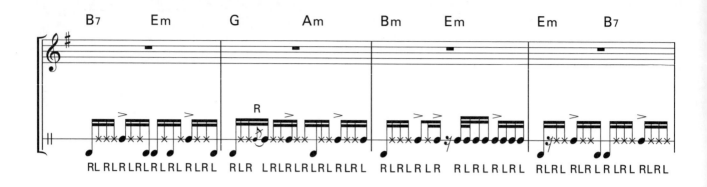
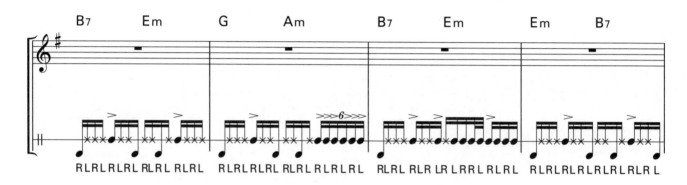
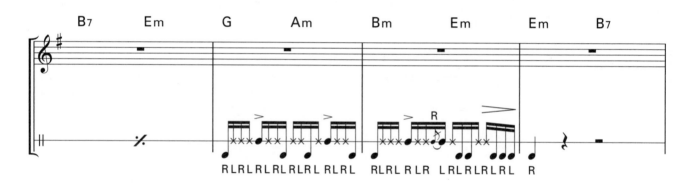
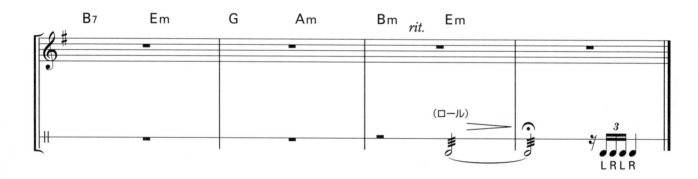

腰痛予防の話

カホン奏者は、カホンに座って前屈みになって叩くので
どうしても腰が痛くなりがちです。
そのため、最近ではカホン用のスタンドや、
コンガのように置いて演奏できるカホンが発売されています。
ですが、私的にはやはり座って叩くのがカホンらしくてしっくり来ます。
そこで腰痛にならないコツを何点か伝授ー！

まず1つ目！
カホンを傾けて叩く。
私がヒールの付いた靴で演奏しているのは見た目だけでなく、傾けやすくするためです。
身体をまっすぐに保ちやすくなるので、頭や目線が下に行きにくく、腰痛が防げます。

2つ目！
演奏の前後と寝る前にふくらはぎを伸ばす運動を。
特に寝る前。これで1日の疲れを残しません(^^)

3つ目！
カホン用の座布団を使用しましょう！
実はこれが一番大事。
滑らなくて厚みのあるものを選んでください。
オススメは、私も愛用している
decora43の座布団です。

楽しいカホンライフをお過ごしくださいねー！

ふくらはぎを伸ばすストレッチ

カントリー・ロード

本名陽子（映画『耳をすませば』主題歌）

作詞：Bill Danoff/Taffy Nivert/John Denver/ 宮崎駿
作曲：Bill Danoff/Taffy Nivert/John Denver

CD Track 15　編曲：四月朔日義昭　歌唱：吉岡亜衣加

学べるテーマ アップテンポ3連系のハネたリズム

テンポの速い3連系のハネたリズムをマスターします。
明るい曲調に合わせて楽しく軽快に叩きましょう。

Intro. 基本パターン

イントロは軽快な3連系のハネのパターンです。3拍目裏の左手のスラップのタイミングに気をつけましょう。
イントロ8小節目はキメです。アクセントをしっかり出して、ここのゴーストノートはほとんど音にしません。

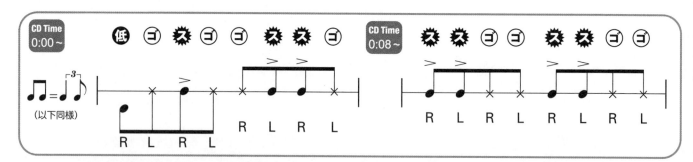

A 基本パターンとフィル

ノリが半分になり（ハーフタイム）、2小節で1つのパターンになります。

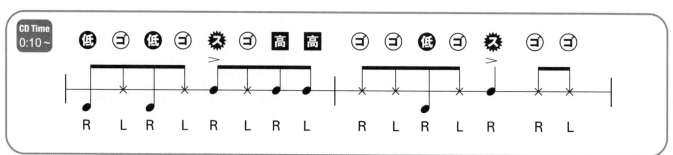

Bの1小節前の2拍フィルは、中抜けの3連符と3連符の連続です。

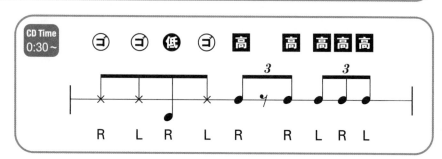

3連符では、1拍に均等の長さの3つの音を入れます。3連符は手順が右手-左手-右手なので、連続するときは次の3連符が逆の左手-右手-左手という手順になります。慣れるまで難しく感じると思いますので、最初は3連符だけ取り出して練習するといいでしょう。

フィルのときは中抜けなので、（　）内は叩きません

C 基本パターン

ここもノリが半分になるハーフタイムですが、4小節フレーズになります。

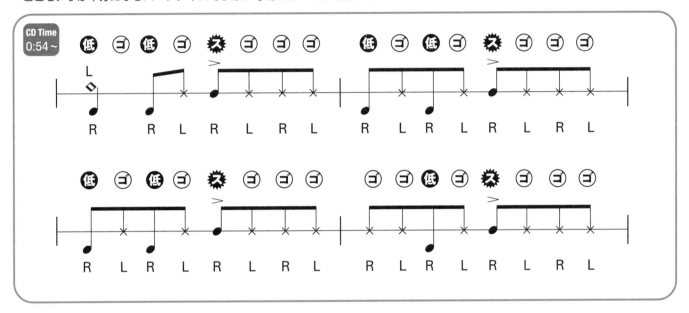

D 基本パターン

Dでは、曲の雰囲気に合わせて一度カホンが抜けます。再度入るときは、右手の連打でだんだん盛り上げてからパターンに戻ります。他の曲でも何度も説明しているとおり、手順が交互ではなく全て右手になっているのは、同じ手で叩く方が音色が均一になるという利点があり、緊張感を持続させたいときやクレッシェンドをして盛り上げたいときに使います。

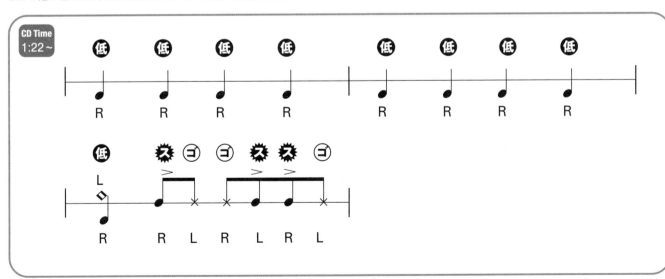

曲の終わりまで、軽快な3連系のハネのリズムが続きます。中抜けの3連符と3連符の連続のフィルも何度も出てきます。様々な3連系のリズムの曲で使えるフィルなので、しっかりマスターしましょう。

カントリー・ロード　本名陽子（映画『耳をすませば』主題歌）
作詞：Bill Danoff/Taffy Nivert/John Denver/宮崎駿　作曲：Bill Danoff/Taffy Nivert/John Denver

カントリー・ロード 本名陽子（映画『耳をすませば』主題歌）

恋

星野源

作詞：星野源　作曲：星野源

CD Track 16
編曲：Keiko
歌唱：ありむらまるこ

学べるテーマ　両手同時に叩く低音4分打ちの8ビートと16分音符の粒を明確にする

難易度の高い曲です。右手と左手を同時に叩くパターンを練習します。低音のポジションでのゴーストノートをマスターしましょう。

Intro. 基本パターン

シンバルは左手で叩きます。右手で低音を叩きます。次の4分音符のゴーストノートは、低音を叩いたそのままの位置を右手の指先で軽く叩きます。

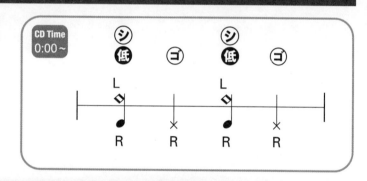

A 基本パターンと装飾音符

曲調に合わせてシンコペーションを使ったパターンにしています。2小節フレーズです。ここでも低音を叩いたそのままの位置でのゴーストノートが出てきます。アクセントは、1小節目が3拍目の裏、2小節目は2拍目の裏に来ています。リズムが流されてしまわないように、体の中に4分音符を感じながら演奏しましょう。

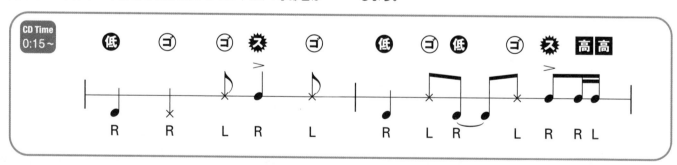

8小節目に装飾音符が出てきます。手順は右手からです。シンコペーションのアクセントの部分に左手でシンバルを重ねるため、動きがとても忙しくなります。なので、最後のゴーストノートの8分音符は省略しても構いません。

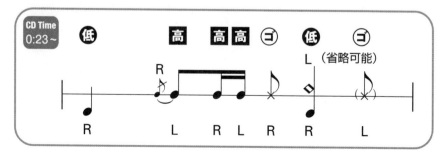

B 基本パターン

高音（ドラムのスネア）のタイミングが３拍目にきています。フィールが半分になっているハーフタイムです。手順はこの限りではありませんが、テンポが速いので、右手が低音、左手が高音とポジションで分けた手順にしています。左手のスラップを頑張りましょう。

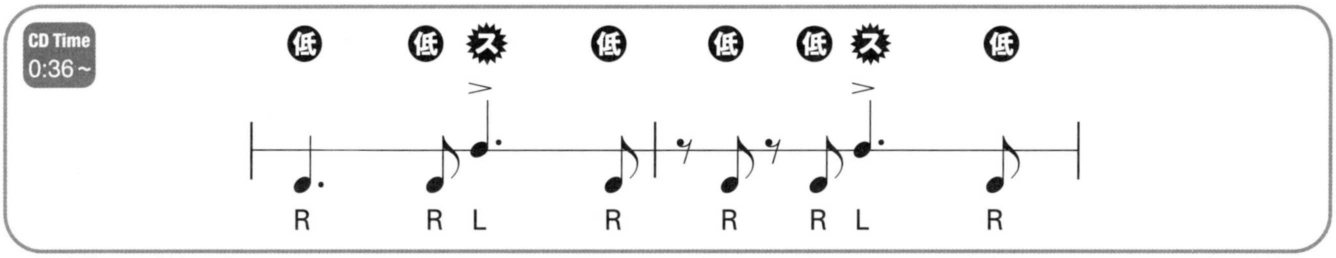

C 基本パターン

２小節フレーズです。右手の低音で原曲のドラムのキックの４分打ちを、ゴーストノートでハイハットを表現しています。ゴーストノートは、低音を叩いたポジションでそのまま軽く右手の指先を当てます。左手の高音がスネアの役割です。

難しいパターンなので、最初は右手と左手を別々に練習しましょう。特に、２小節目３拍目裏と４拍目頭の左手連打のタイミングが右手とずれないように気をつけてください。

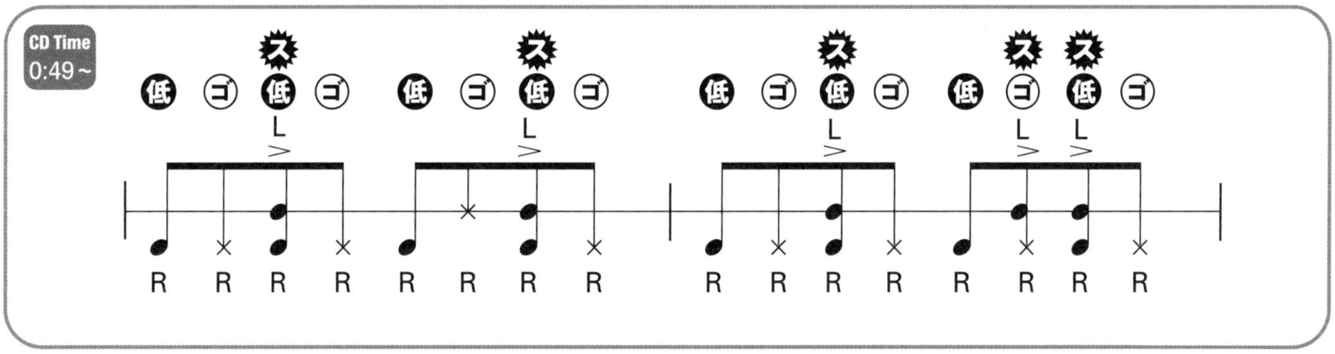

D E 基本パターンと、エンディングの2小節パターン

Dでカホンが一旦抜けた後、再び入ってEの1小節目のクライマックスに向けてだんだんクレッシェンドしていきます。Eの1小節目の16分音符の連打は全てスラップで叩きます。この曲は16分音符の連打が何度も出てくるのが印象的です。粒を揃えることを意識してください。

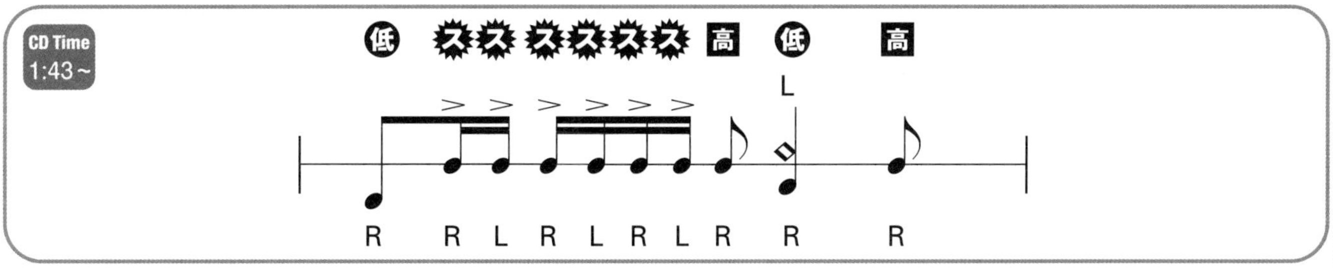

エンディングは、難易度の高い2小節パターンです。サビのパターンのバリエーションとして挑戦してください。

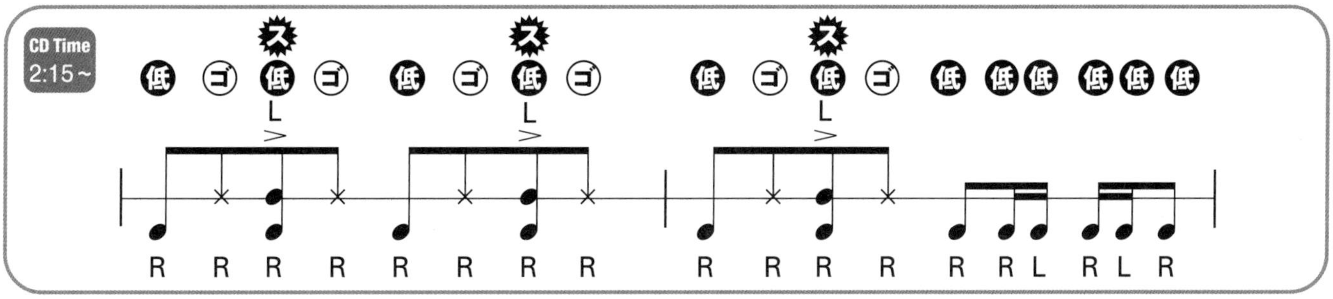

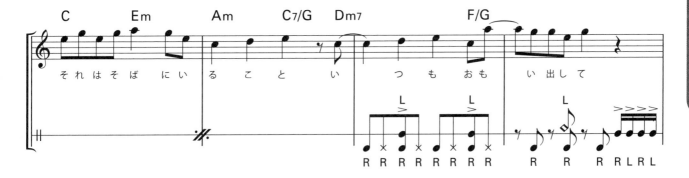

恋　星野源

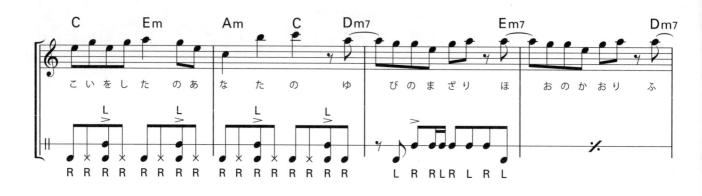
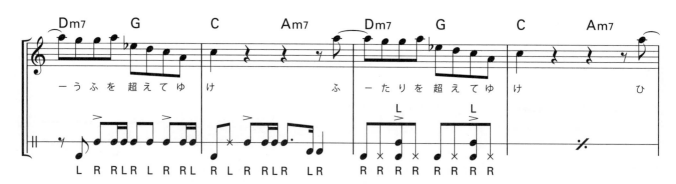
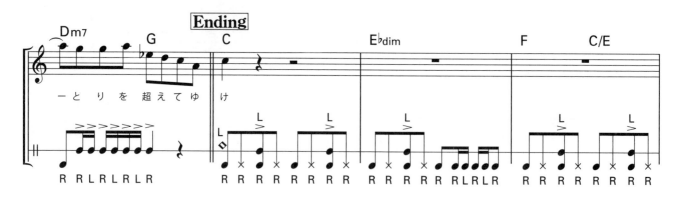
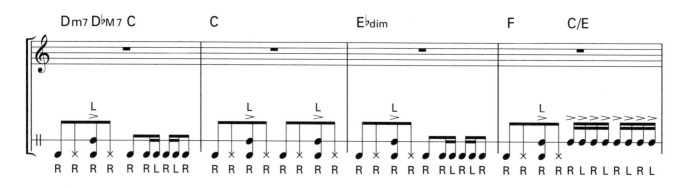
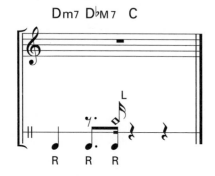

はたけやま裕 レッスン案内

毎月後半の土日に、東京都内でカホンのグループレッスンを行っています（日程はその都度決定）。

ドラムやギターなど他の楽器を趣味で演奏している方のセカンド楽器として、

または初めての楽器として始めたい方たちがサークルのように楽しめるグループレッスンです。

3時間制なのでたっぷり叩けますよ！

参加を希望される方は、下記までメールでお問い合わせください。

 はたけやま事務局
info@youhatakeyama-fanclub.jp

アゲハ蝶

ポルノグラフィティ

作詞：ハルイチ　作曲：ak.homma

| CD Track 17 | 編曲：四月朔日義昭
歌唱：ありむらまるこ | 学べる
テーマ | ラテンの曲調に合わせた叩き方、
フラメンコのルンバ風 |

ラテンの曲調に合わせて、カホンのパターンもフラメンコのルンバ風にしています。
リズムの仕組みとしては「世界にひとつだけの花」と同じ、16分音符を3-3-2のアクセントで分けた16ビートです。
情熱的に格好良く叩いてください。

Intro.1　基本パターン

パターンはサビからスタートですが、1小節前にフィルインで入ります。フィルの3連符を強調するためにミュートスラップをしています。左手は低音を叩く位置に置き打面を強く押さえつけて、その状態で右手でスラップします。打面がミュートされていることでチューニングが上がって、より高音の鋭いスラップ音が出ます。

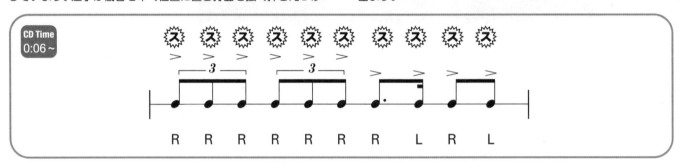

サビ頭　基本パターン

歌の始まりがサビでいきなり盛り上がります。頭にシンバルを打つのでカホンまでの移動のために左手の手順を1つ休みます。1小節に3-3-2のアクセントで分けたパターンが2つ入りますが、2のアクセントが一番強調されるようにスラップの連打で演奏しましょう。

スラップは、手は脱力させて手首のスナップを使って叩きます。このとき親指をカホンの角に当てないように気をつけてください。
※スラップの詳しい叩き方はSTEP 1 P14参照

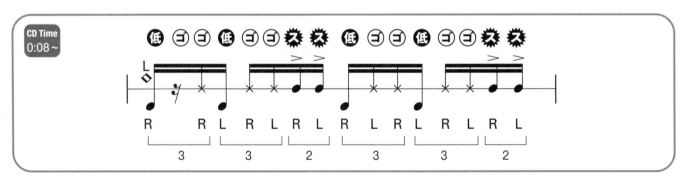

Intro.2 基本パターン

リズムの仕組みはサビと同じですが、サビよりテンションが落ち着くのでアクセントの回数を半分にして、★印の箇所に一番のアクセントが来ます。お手本ではバリエーションも含めて演奏していますので、慣れたら自由に演奏してみてください。

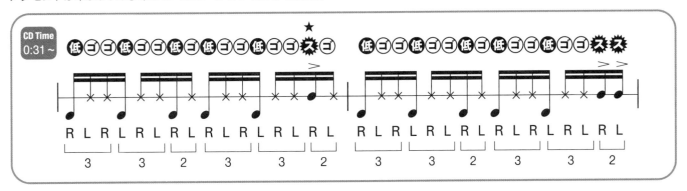

A 基本パターン

1小節目の前半(1・2拍目)は16分音符が3-3-2のアクセントで分かれていますが、後半(3・4拍目)は16分音符が4-4のアクセントで分かれます。4拍目は高音でスラップします。

ラテンのノリとポップスのノリの融合みたいなパターンですが、カホンらしさを活かせるパターンなので、覚えておくと重宝します。「世界にひとつだけの花」にも出てくるパターンです。

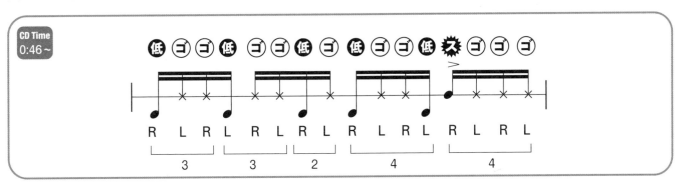

B 基本パターン

Aのバリエーションです。アクセントの位置は歌のフレーズに合わせています。

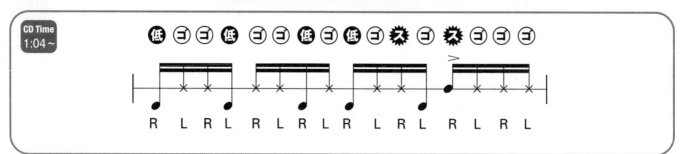

Bの7小節目からC（サビ）に向かって盛り上がっていきます。一度エネルギーをためるため、パターンをシンプルに戻しています。Cの2小節前に、ミュートスラップでの3連符のフィルが再び出てきます。見せ場なので格好良く演奏してください。

シンバルを打った後のサビのパターンに行く前のフィルは、リズムが甘くならないようにしっかりと叩きましょう。Cから再びサビで盛り上がります。

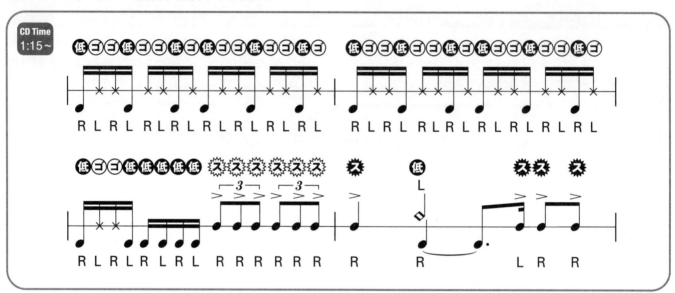

D 基本パターン

歌がスキャットになり、ギターのソロのセクションになります。ギターのソロに呼応するようにカホンで合いの手を入れましょう。

まずは譜面の通りに演奏し、慣れてきたら自由におかずを入れて楽しく演奏してください。

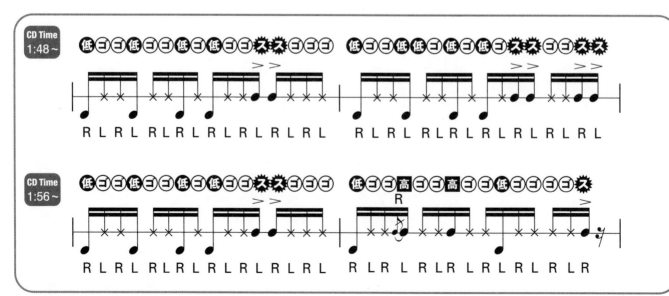

アゲハ蝶　ポルノグラフィティ

作詞：ハルイチ　作曲：ak.homma

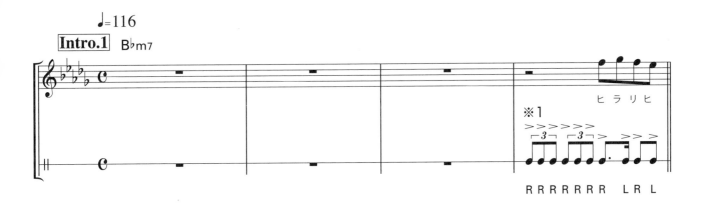
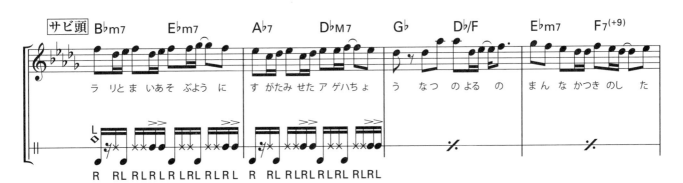

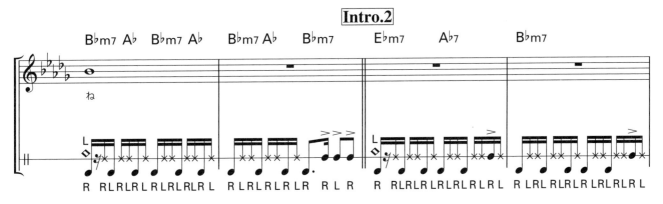

※1：ミュートスラップ

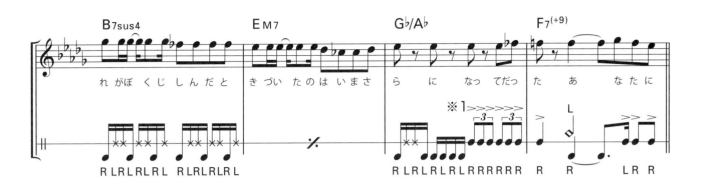
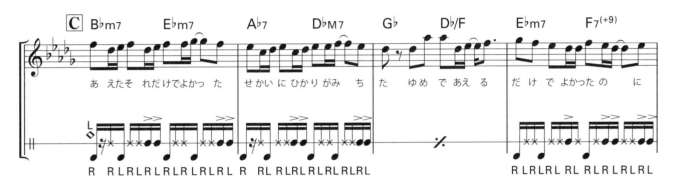
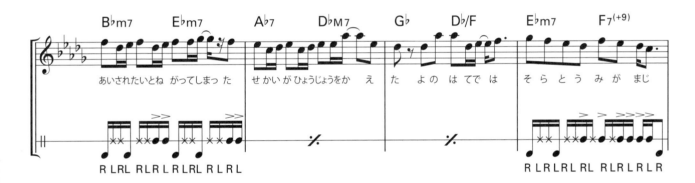
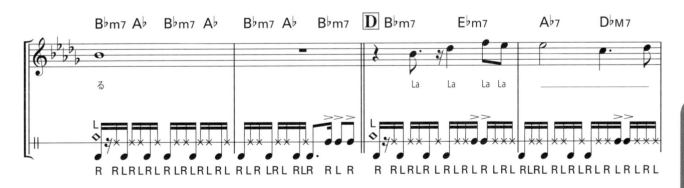
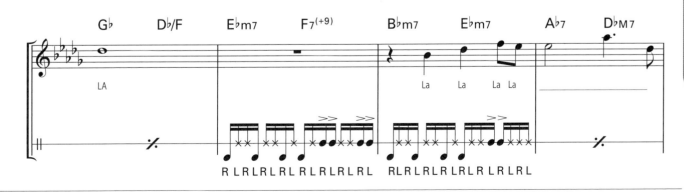

アゲハ蝶 ポルノグラフィティ

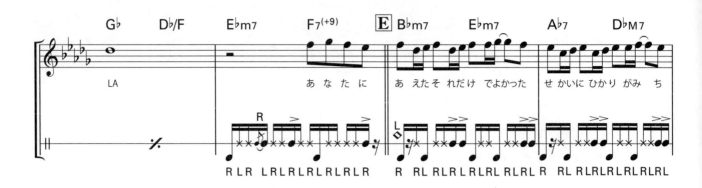
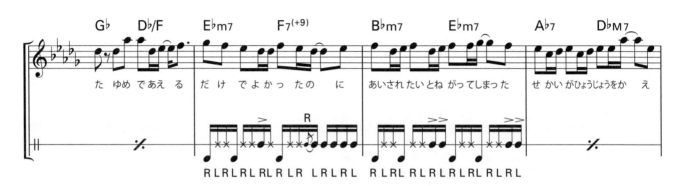
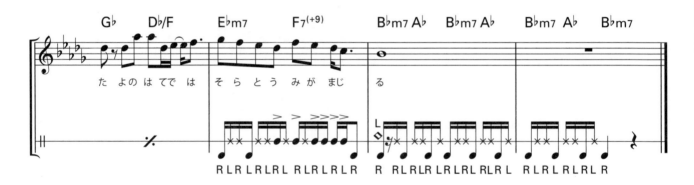

はたけやま裕 カホン教則DVDのご案内

ドラマーのためのカホン移行ガイド
～超絶技法とフレーズ集～

AND044　2,838円＋税　全50フレーズ収録

カホンの超基本から、カホンならではのラテン／フラメンコのリズムや超絶奏法も覚えられる！
ドラムのフレーズをカホンで置き換えて叩くフレーズ集も収録！

視聴サンプルはこちらから！

Lesson1　カホンの基本奏法
(1) 構造を知る
(2) 座り方
(3) 姿勢
(4) 手のどこで叩くか？
(5) 腕の動かし方
(6) 低音を出す叩き方 その1
(7) 低音を出す叩き方 その2
(8) 高音を出す叩き方 その1
(9) 高音を出す叩き方 その2
(10) スラップの叩き方
(11) ゴーストノート
(12) 足ワザ

Lesson2　生ドラムでカホンを再現！
(1) バスドラム(キック)
(2) スネア
(3) クローズド・リムショット
(4) オープン・リムショット
(5) ハイハット
(6) パターンを叩こう
(7) シェイカーと鈴を使った複合パターン

Lesson3　ヒール＆トゥ
(1) ヒール＆トゥとは
(2) コンガのヒール＆トゥ
(3) ボンゴのヒール＆トゥ
(4) ヒール＆トゥの基礎練習
(5) ヒール＆トゥを使った装飾音符やロールの紹介
(6) 指を使った装飾音符の紹介(アラブ系)
(7) 指を使った装飾音符

Lesson4　実践！ドラムフレーズをカホンで再現する

Lesson5　機種紹介
(1) デコラ
(2) DGデ・グレゴリオ

Lesson6　快適な演奏生活を送るための裏技紹介
(1) 腰痛防止
(2) 湿気対策

※本書に使われている映像はDVDからの抜粋を含みます。

天体観測
BUMP OF CHICKEN

作詞：藤原基央　作曲：藤原基央

難易度

CD Track 18　編曲：四月朔日義昭　歌唱：Yummi

学べるテーマ　高速テンポでのヒール＆トゥを使った難易度高い16ビート

高速テンポの難易度高い曲です。
原曲の雰囲気は保ちつつヒール＆トゥを多用し、
カホンならではのスピード感のある格好良さを提示しています。

Intro. 基本パターン

高速ヒール＆トゥを使った16ビートのパターンです。手順は他の曲でも説明している通りです。

5小節目から8ビートです。低音が右手、高音が左手の手順です。

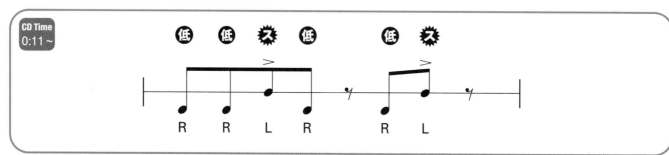

の2小節前のフィルインは、8分音符が走らないように気をつけてください。シンバルもシンコペーションで一緒に打つのでカホンとタイミングを合わせましょう。

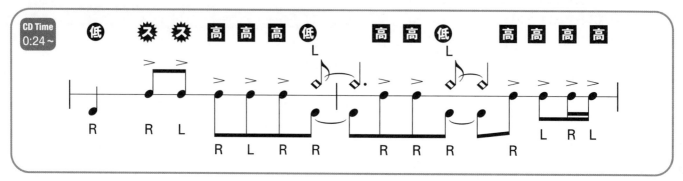

A 基本パターン

シンプルなパターンですが、緊張感を持続させて叩いてください。

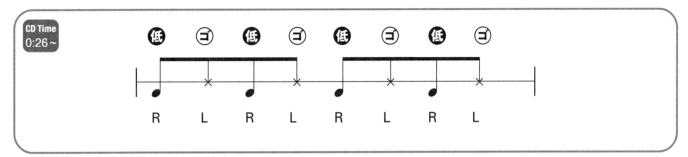

B 基本パターン

サビに向かって盛り上がります。シンバルを左手で毎小節ずつ打つため、カホンの手順が右手(R)→左手(L)→右手(R)→右手(R)になります。ドラムのルーディメンツでいうところのシングルパラディドルです。手順に慣れるまで、下記の5小節間を取り出して練習しましょう。

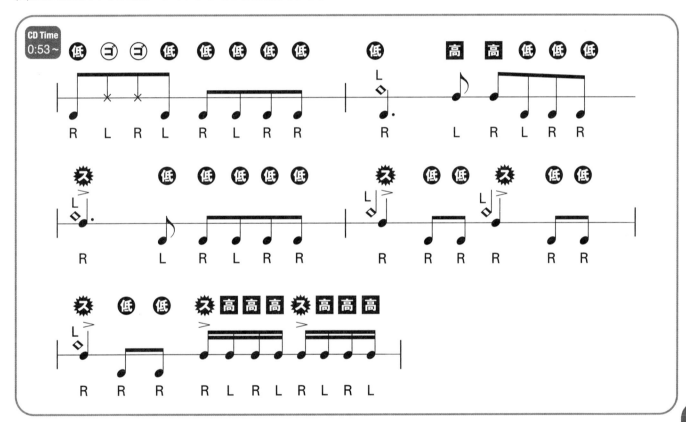

C 基本パターン

2小節フレーズのヒール&トゥのパターンです。

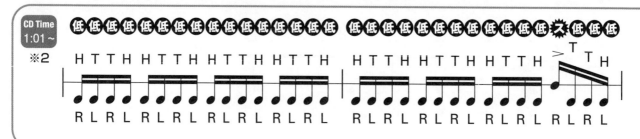

サビの後半はさらに盛り上がって、2拍4拍のドラムのスネアのタイミングで高音でのスラップが入ります。

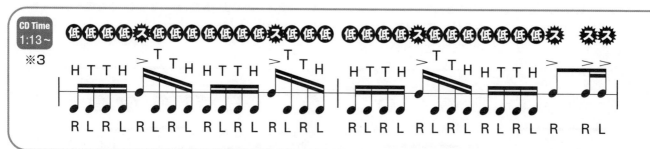

エンディングに向かってたたみかけるように16分音符の連打が続きます。転ばないように気を付けて叩きましょう。アクセントが付いている音はスラップです。スラップの連打でも粒が揃うように心がけてください。

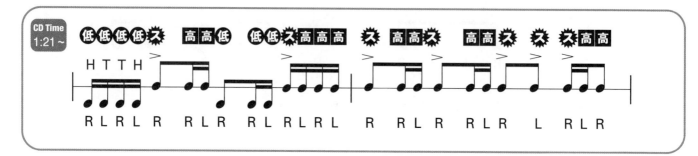

Ending 基本パターンとフィル

エンディングはシンコペーションでシンバルが入ります。シンバルを左手で叩くために、カホンを右手で連打します。テンポが速いので大変ですが頑張りましょう。

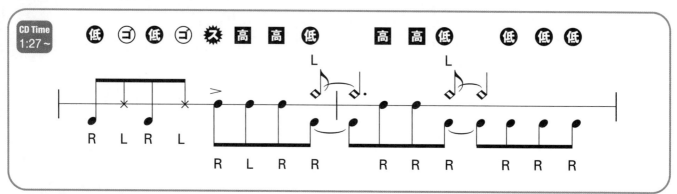

急ブレーキをかけるような2拍3連でのフィルで一度止まりますが、改めて8分音符の打ち放しで曲が終わります。止まった後の7拍の休符もインテンポで流れていますので、最後まで曲のテンポを感じてください。

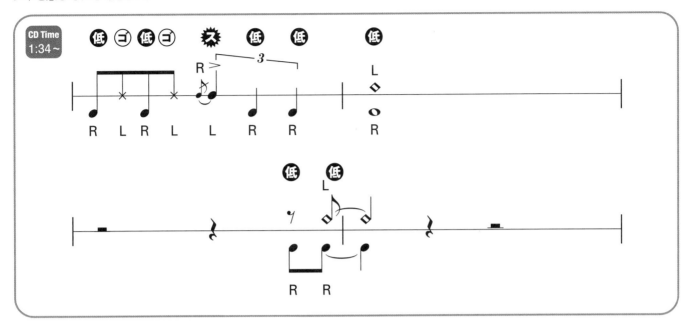

天体観測　BUMP OF CHICKEN
作詞：藤原基央　作曲：藤原基央

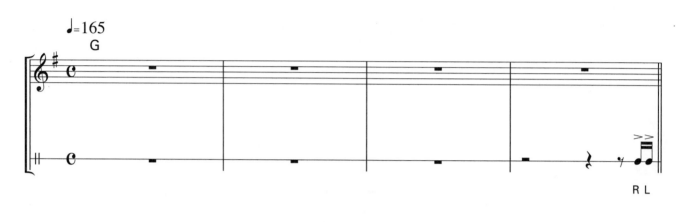

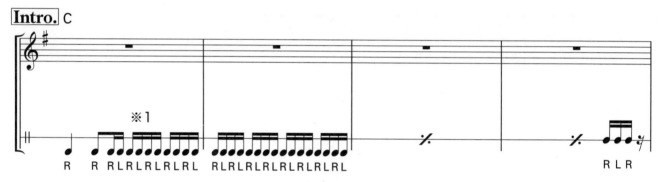

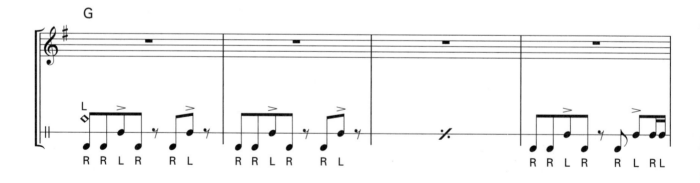

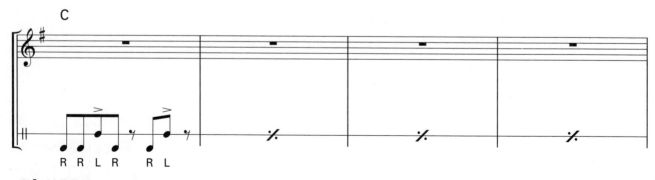

※1：H T T H
　　 R L R L

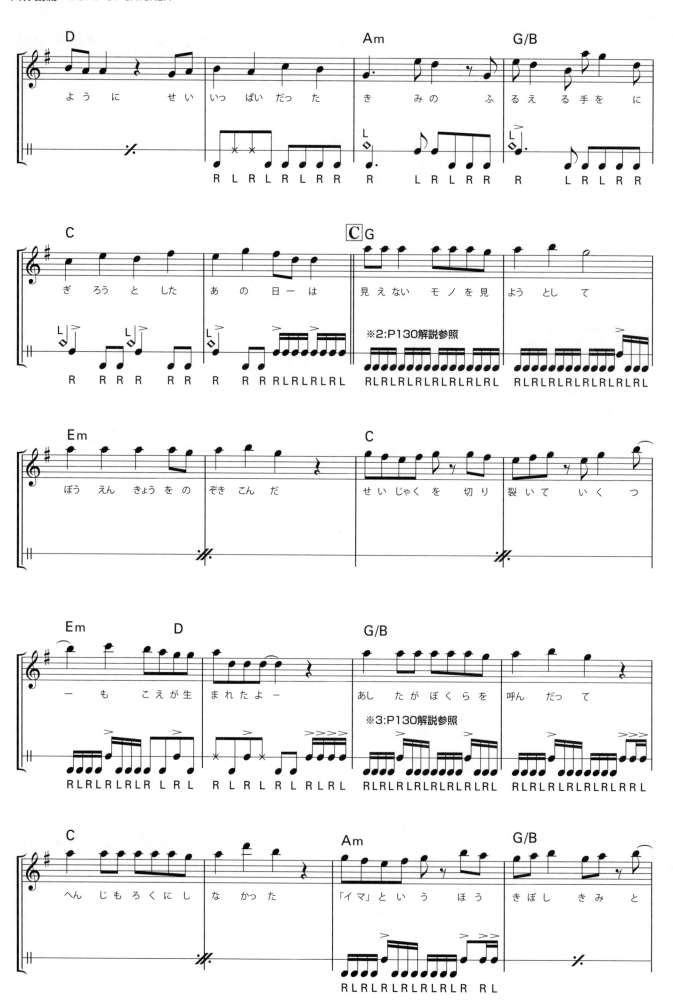

発行所：株式会社アルファノート
URL：http://alfanote.jp/
発行人：四月朔日義昭

発行日：2019年6月16日初版発行
2021年3月5日第3版第2刷発行
ISBN：978-4-906954-79-7
定価：本体2980円＋税

著者：はたけやま裕

映像・音源制作：四月朔日義昭
映像：野村祐紀
映像：四月朔日ゆき
CDマスタリング：小泉こいた。貴裕
譜面浄書：オフィス・ノリフク

編曲：Keiko／四月朔日義昭
歌唱：ありむらまるこ／井上あすみ／うどんタイマーP／桑原苑美／Nao／
ナオリュウ／Yummi／吉岡亜衣加／四元壯／渡辺大地（五十音順）

表紙写真：西尾豊司（STUDIO RONDINO）
表紙デザイン：上林将司（有限会社チタンヘッズ）
本文デザイン：西本勲（studio130）
撮影協力：（株）池部楽器店ドラムステーションリボレ秋葉原
印刷・製本：イシダ印刷

スペシャルサンクス
（株）池部楽器店／キクタニミュージック株式会社／Zildjian／有限会社ロックンバナナ／有限会社ドレミ／Decora43

日本音楽著作権協会（出）許諾第1904912-901号

付属 Audio-CD 取扱い上の注意

●このディスクは Windows、Mac から読み取りが可能です。ディスクの複製、レンタル、放送及び公での上映・配信は法律によって禁止されております。
●ディスクが汚れた時や、読み込めない時は、眼鏡拭き等の柔らかい布で内周から外周に向かって放射状に軽く拭き取ってください。
●CDドライブの読み取りレンズの汚れやホコリにより読み取り精度が落ちる場合もあります。（レンズクリーナーでのクリーニングをお試しください）
●ディスクは両面とも、鉛筆、シャープペンシル、ボールペン、油性ペン、マジック等で文字や絵を描いたり、シール等を貼付しないでください。
●直接日光の当たる場所や高温多湿の場所に保管しないでください。
●ディスクの上に物を乗せないでください。
●ディスクは使用後、必ず取り出し、ケースに入れて保管してください。

©You Hatakeyama/ALFANOTE Co,Ltd

禁無断転載／乱丁・落丁は弊社にてお取り換え致します。
本書についてのお問い合わせは封書または info@alfanote.jp 宛にお願い致します。
本書記事／譜面などの無断転載は固くお断りします。

©2019 by ALFANOTE Co,Ltd/Printed in Japan